安徽财经大学学科特区《公司金融与财务风险防控》
（项目编号：ACXKTQ2019B05）阶段性成果

商业贿赂对公司财务的影响及内部治理研究

The Effect of Business Bribery on Corporate Finance
and Study of Internal Governance

高利芳 □ 著

中国财经出版传媒集团

经济科学出版社
Economic Science Press

图书在版编目（CIP）数据

商业贿赂对公司财务的影响及内部治理研究／高利芳著．
—北京：经济科学出版社，2019.5
ISBN 978 - 7 - 5218 - 0598 - 7

Ⅰ.①商…　Ⅱ.①高…　Ⅲ.①商业 - 贪污贿赂罪 -
研究 - 中国　Ⅳ.①D924.392.4

中国版本图书馆 CIP 数据核字（2019）第 103586 号

责任编辑：杜　鹏　刘　悦
责任校对：王肖楠
责任印制：邱　天

商业贿赂对公司财务的影响及内部治理研究
高利芳　著
经济科学出版社出版、发行　新华书店经销
社址：北京市海淀区阜成路甲 28 号　邮编：100142
总编辑部电话：010 - 88191441　发行部电话：010 - 88191522
网址：www. esp. com. cn
电子邮件：esp_bj@ 163. com
天猫网店：经济科学出版社旗舰店
网址：http://jjkxcbs. tmall. com
固安华明印业有限公司印装
710 × 1000　16 开　10 印张　180000 字
2019 年 6 月第 1 版　2019 年 6 月第 1 次印刷
ISBN 978 - 7 - 5218 - 0598 - 7　定价：49.00 元
（图书出现印装问题，本社负责调换。电话：010 - 88191510）
（版权所有　侵权必究　打击盗版　举报热线：010 - 88191661
QQ：2242791300　营销中心电话：010 - 88191537
电子邮箱：dbts@ esp. com. cn）

前　言

随着市场经济的发展和竞争加剧，商业贿赂在一些行业和领域不断滋生泛滥。我国政府先后开展过两次全国性的反不正当竞争专项治理行动，掀起反商业贿赂"风暴"，其导火索分别是 2006 年的"德普事件""朗迅事件"和 2013 年的"葛兰素史克事件"。党的十八大后，我国在政治领域加大反腐败力度，在经济领域继续严厉打击官商勾结的腐败贿赂行为，将商业贿赂治理向纵深方向发展。本书从公司财务视角探讨商业贿赂的影响及治理措施，综合运用了规范研究、实证研究和案例研究等多种方法，探讨了商业贿赂问题的基本理论，商业贿赂及其监管对公司业绩、税负、会计信息质量的影响，从内部控制和内部审计的角度提出了公司层面的商业贿赂治理措施。

本书的主要结论包括以下七个方面。

（1）商业贿赂是指在商业活动中交易方、交易利益相关方以及影响交易方的组织或个人，通过给予或收受财物或其他利益的手段谋取不正当利益的行为。商业贿赂的本质是钱权交易，行贿方给钱或付出其他利益代价，换取受贿方凭借手中掌握的权力给予的、行贿方想要的利益。商业贿赂作为一项非法交易行为，本书认为其构成要素有行为主体、行为意图、交易客体和侵犯客体。商业贿赂的行为主体涵盖商业活动中的一切组织及个人；商业贿赂的行为主体有谋取不当利益的主观意图；商业贿赂的交易客体包括有价值的财物及其他利益输送方式；商业贿赂侵犯的客体是公平竞争的交易秩序和组织成员的职务廉洁性。

（2）商业贿赂是交易双方权衡收益成本后的理性选择。影响企业贿赂决策的因素可以分为条件型因素和压力型因素。条件型因素包括企业所处的政治、经济和法律环境，影响企业商业贿赂的潜在机会。压力型因素包括社会文化、行业竞争度、商业关系网、企业与官员接触频度和自身脆弱性因素，具有强化企业商业贿赂动机的作用。

（3）企业的商业贿赂行为曝光后会在资本市场产生负面反应，表现为短期内公司股价下跌，累计异常报酬率显著为负值，长期内公司经营绩效（总资产收益率）下降。将企业商业贿赂行为的交易对象区分为官商贿赂和商商贿赂后，本书检验发现官商贿赂的企业在媒体报道后产生的负面影响更显著，这一结果表明涉及政府官员的贿赂行为社会公众的关注度更高而容忍度更低，官商贿赂给企业带来的收益和风险都更高。

（4）出于隐瞒贿赂行为的需要，发生商业贿赂的公司通常会计信息质量较低。本书检验发现，对于受反腐败政策影响较大的敏感行业，在反腐败政策实施后会计信息质量有了提升，应计盈余管理和真实活动盈余管理水平都显著降低。

（5）我国的"营改增"税制改革和"反腐败"政策在实施时间上具有同期性。企业进行官商贿赂的目的之一是降低税负，反腐败政策的实施使得企业失去政治庇护，有可能提高税负。但也可能因为反腐败约束了税收征管权的滥用，加之"营改增"目标是结构性减税，因而企业税负降低。本书分析检验了"营改增"和反腐败对企业税负的单独及共同影响。结果发现，"营改增"税制改革显现出降低企业总体税负的积极效应；反腐败对企业税负有显著的负向影响；反腐败为"营改增"税制改革创造了好的政策实施环境，反腐败强度大的地区，"营改增"税制改革的减税效应更为显著，特别是非国有控股企业更为受益。

（6）医药购销领域的商业贿赂行为较为猖獗，医药行业也是商业贿赂治理监管的重点行业。本书通过回顾我国的医疗制度变迁，剖析了医药行业商业贿赂行为的产生根源。依据国家有关医药管理的政策法规，分析了医院药品采购流程及可能的受贿环节，从约束受贿者的角度讨论了医院药品采购环节的内部控制制度完善措施，提出了医药药品采购的内部控制目标、受贿风险控制的内部制度建设以及具体控制活动。

（7）商业贿赂既是一种违法行为也是一种职务舞弊行为，内部审计有职责对其进行监管治理，以控制组织风险，为组织增加价值。本书通过对房地产行业上市公司反贿赂内部审计的案例研究，发现企业出于自身利益考虑重视员工的受贿审计而对行贿审计监督不力，企业内部审计部门的独立性和内部审计范围也存在缺陷。参照全球职务舞弊调查结果和我国内部审计反舞弊准则的规定，本书讨论了内部审计在防范监督商业贿赂行为方面的优势和困境，并就内部审计准则和内部审计实务监管提出了相应的改进意见。

本书共分为六章。第一章阐释了商业贿赂的含义、要素、影响因素及相关理论解释。第二章至第四章实证研究了公司商业贿赂的财务影响，检验了商业贿赂被媒体报道后短期的资本市场反应和长期的财务绩效，并且从反腐败角度侧面验证了贿赂对公司会计信息质量和税负的影响。第五章至第六章则运用规范研究和案例研究方法，对医药和房地产这两个商业贿赂"重灾区"行业进行了深入分析，探究了医药行业商业贿赂的制度成因，以及内部审计在反贿赂方面的优势和困境，提出医院药品采购反贿赂内部控制和房地产公司反贿赂内部审计的完善措施建议。本书的主要编写工作由高利芳完成，何磊和马露参与了第二章的编写，安家鹏参与了第三章、第五章的编写，张嘉彧参与了第四章的编写，李艺玮参与了第六章的编写。徐迎港、陈子秋、朱艳芹和尹泽慧辅助做了校对工作。在此一并感谢！

本书的贡献在于：一是对宏观经济政策与微观企业行为研究框架的补充。公司的商业贿赂与财务管理都受到宏观经济政策的影响，两种微观企业行为之间又相互影响，从公司财务的视角研究商业贿赂有助于理解宏观经济政策作用于微观企业行为的路径，以及微观经济行为对宏观经济政策的反馈机制。二是有助于深化人们对公司财务问题的理解认识。反商业贿赂是公司的社会责任，但是目前有关公司社会责任与财务业绩关系的研究较少关注商业贿赂与它们的内在联系。商业贿赂是公司建立政治联系与社会资本的方式之一，现有研究也很少解释这一手段本身如何影响企业政治联系与社会资本的属性，进而调节政治关联与社会资本对公司财务的影响。本书的研究可以充分揭示商业贿赂与公司财务间的关系，便于人们重新审视公司财务的相关理论。三是为财经法规与治理监管的制度建设提供政策建议。企业的内部控制与内部审计都有防范舞弊与违法行为的基本要求，商业贿赂属于职务舞弊，而且与财务舞弊有密切联系。本书的证据与结论从财务角度对商业贿赂的防范治理提供了有针对性的意见建议，对相关财经制度的完善与有效执行有所贡献。

　　本书存在的不足之处，敬请批评指正！

高利芳

2019 年 3 月

Contents

目录

第一章　商业贿赂的定义及相关理论／1

第一节　商业贿赂的含义／1

第二节　商业贿赂的产生原因／9

第二章　商业贿赂对公司的财务影响：基于媒体报道／20

第一节　文献回顾与假设的提出／20

第二节　研究设计／24

第三节　实证结果分析／28

第四节　稳健性检验／34

第五节　本章小结／38

第三章　商业贿赂与会计信息质量：反腐败视角／40

第一节　文献综述与假设的提出／40

第二节　研究设计／43

第三节　实证结果分析／49

第四节　本章小结／54

第四章　税制改革、反腐败与企业税负 / 56

第一节　文献综述与研究假设提出 / 56

第二节　研究设计 / 61

第三节　实证结果分析 / 66

第四节　本章小结 / 71

第五章　商业贿赂的治理：内部控制视角的行业分析 / 73

第一节　内部控制对商业贿赂的治理作用 / 73

第二节　医药行业的商业贿赂制度诱因与行业监管 / 78

第三节　医药行业反贿赂舞弊的内部控制制度 / 86

第四节　本章小结 / 96

第六章　商业贿赂的治理：内部审计视角的案例分析 / 98

第一节　内部审计治理职务舞弊的责任和优势 / 98

第二节　内部审计反职务舞弊的困境 / 102

第三节　内部审计反职务舞弊的困境解决对策 / 107

第四节　内部审计反商业贿赂的案例研究 / 114

第五节　本章小结 / 133

结束语 / 136

参考文献 / 139

第一章
商业贿赂的定义及相关理论

第一节　商业贿赂的含义

腐败和贿赂像一颗毒瘤上开出的双生恶之花一样，广泛存在于全世界各个国家或地区以及各行业领域。商业贿赂作为在商业活动中发生的贿赂行为，违背公平竞争的市场法则，且常常会与官商勾结的政治腐败联系在一起，成为各国政府严厉打击的对象。国际组织和各国政府都对商业贿赂从立法上予以约束制裁。明确界定商业贿赂的含义及犯罪构成要素，清楚认识其原因及危害，是有效治理商业贿赂的必要前提条件。

一、商业贿赂的法律界定

何为商业贿赂？商业贿赂与一般贿赂相比有何特性？大型国际组织和世界主要国家对此有不同的法律界定。有的制定了专门的法律治理商业贿赂行为，有的对商业贿赂的规范约束分散于不同法规文件中。

（一）国际上反商业贿赂相关的规制界定

1. 《联合国反腐败公约》

由于腐败犯罪在全球的泛滥，联合国大会决定制定一项反腐败国际法律文书，于是有了 2003 年 10 月审议通过的《联合国反腐败公约》（以下简称《公约》）。我国于 2003 年 12 月签署了《公约》，2005 年 10 月经全国人大常委会批准后，该《公约》自 2006 年 2 月起在我国生效。《公约》要求各缔约国加强对公职人员腐败犯罪的预防和打击，促进国际合作和技术援助（邢爱芬，2011）。《公约》第三章"定罪和执法"中明确规定了三种贿赂犯罪：贿赂本国公职人员；贿赂外国公职人员或者国际公共组织官员；私营部门内的贿赂。上述分类是从贿赂对象角度加以区分的。三种贿赂定罪的共同要素包括两点：一是具有主观故意；二是有不正当好处。虽然《公约》也提到了不正当好处包括与国际商务有关的商业好处，制裁打击贿赂犯罪可以促进良好的商业惯例，但《公约》的主要目标还是约束打击政府官员的腐败受贿行为，因而在对贿赂行为的描述和定罪上没有突出商业特性。《公约》在全球范围内通过各大缔约国的采用实施，为打击各种贿赂腐败犯罪达成了共识，创建了一个协同治理的氛围。

2. 《反腐败道德与合规商业手册》

国际经济合作论坛 20 国集团（G20）领导人于 2010 年宣布成立反腐败工作组，并推出了《2010 G20 反腐败行动计划》（anti-corruption action plan）。鉴于商业反腐败的原则可能令人困惑，而且中小型企业应用起来资源有限，在经济合作与发展组织（Organization for Economic Co-operation and Development，OECD）、联合国毒品与犯罪办公室（the United Nations Office on Drugs and Crime，UNODC）、世界银行（the World Bank）的协助下，一些国际企业于 2013 年制定了《反腐败道德与合规商业手册》（anti-corruption ethics and compliance handbook for business，以下简称《手册》）。该《手册》提供了国际反腐败的框架，介绍了一些企业反贿赂的指南性文件，指导企业评价风险以发展有效的反腐败道德和合规项目。《手册》侧重企业内部反贿赂行动，从范畴上较为贴近商业贿赂的概念，但它更多的是一本辅助企业管理的工具用书，缺乏严谨性和法律效力。

3.《反海外腐败法》

美国的《反海外腐败法》（Foreign Corrupt Practices Act，FCPA）颁布于1977年，其间经过1988年、1994年、1998年三次修改。该法律禁止美国公司向外国政府公职人员行贿，是目前规制美国企业对外行贿最主要的法律，在国际上也产生了深远影响，其他国家和地区随后也陆续颁布了类似法律，例如1993年新加坡的《防止腐败法》、1997年德国的《反腐败法》和2010年英国的《反腐败法》。涉及在中国行贿的"德普案""朗讯案""西门子案""葛兰素史克案"等多项商业贿赂案件都受到美国《反海外腐败法》的约束和制裁。《反海外腐败法》的特点在于：第一，要求在美国的自然人或法人不得为了取得或保留业务而以贿赂的手段直接或间接地向外国政府公职人员提供好处，并且将这种非法支付规定为腐败性支付（corrupt payment），区别于合法的小额"润滑费支付"（facilitating expediting payment），后者目的在于加快政府文牍进度（张智宇、刘晓梅，2008）。第二，要求在美国上市的公司建立反腐败的内部控制机制，加强财务制度建设，在账簿和会计记录中准确记载各项交易。第三，对贿赂行为进行严厉打击，如果被定有罪，对公司和相关责任人处以巨额罚金和追加罚款，追究民事和刑事责任。可见，该法律主要是规范商业领域对政府官员的贿赂，重视公司内部财务制度方面的贿赂预防工作，通过严惩提高法律的威慑性。

（二）国内反商业贿赂相关的规制界定

1.《反不正当竞争法》

我国1993年实施的《反不正当竞争法》没有清晰地提出商业贿赂的概念，但是对商业领域的贿赂行为有明确的禁止性规定，即经营者不得采用财物或其他手段进行贿赂以销售或者购买商品，该规定被认为是我国反商业贿赂的基本法律依据。但是，由于当时的客观环境和认识所限，《反不正当竞争法》将商业贿赂行为限定于商品交易显然范围过于狭隘，而且对于经营者贿赂的对象和贿赂的目的也没有予以科学界定。随着形势发展的需要，《反不正当竞争法》于2017年进行修订，2018年正式实施。有关商业贿赂的法规有了大的改进，表述为：经营者不得采用财物或者其他手段贿赂交易相对方的工作人员、受交易相对方委托办理相关事务的单位或者个人利用职权或者影响力影响交易的单位或者个人，以谋取交易机会或者竞争优势。该规定指明了商业贿赂行为中的受贿主体及贿赂目的，更加突出了商业属性，相比修订前也扩大了商业贿赂法规约束的主体范围。新的《反不正当竞争法》还规定经营者的工作人员进行贿赂的应当认定为经营者的行为，但是经营者有证据证明该工作人员的行为与为经营者谋取交易机会或者竞争优势无关的除外。由此对经营者抗辩员工个人行为，加强反商业贿赂的内部合规建设起到了积极引导作用。不过《反不正当竞争法》侧重规制商业行贿行为，对商业受贿行为没有设置相应的民事和行政责任。此外，谋取交易机会或者竞争优势也是正当商业行为目的，显然依照目的很难将商业贿赂行为与正当商业行为相区分，《反不正当竞争法》对商业贿赂行为的本质界定是有瑕疵的。

2. 《关于禁止商业贿赂行为的暂行规定》

1996 年 11 月，国家工商行政管理局发布了《关于禁止商业贿赂行为的暂行规定》（以下简称《暂行规定》），这是一个针对商业贿赂行为的专门性行政规章。商业贿赂作为专门术语也第一次在行政法规中出现，指经营者为销售或者购买商品而采用财物或者其他手段贿赂对方单位或者个人的行为。《暂行规定》对《反不正当竞争法》中提及的判定贿赂的回扣作了解释性或者补充性的规定，然而它对商业贿赂的概念表述不太明确，对行贿主体对象界定模糊，行贿目的界定为销售或者购买商品局限性太强，也忽略了商业受贿行为。

3. 《关于在治理商业贿赂专项工作中正确把握政策界限的意见》

2007 年中央治理商业贿赂领导小组发布了《关于在治理商业贿赂专项工作中正确把握政策界限的意见》（以下简称《意见》）。该文件意在为商业贿赂的治理执法行为提供参考依据，明确界定商业贿赂的主要特征、行为界限以及认定标准，并且依据贿赂行为的不同性质建议不同的处罚幅度。该文件将商业贿赂界定为在商业活动中违反公平竞争原则，采用给予、收受财物或者其他利益等手段，以提供或获取交易机会或者其他经济利益的行为。相比当时的《反不正当竞争法》和《暂行规定》，《意见》的进步之处在于对商业贿赂的定义兼顾了商业行贿和商业受贿行为，提出商业贿赂侵害的客体是公平竞争原则，但是缺失对商业贿赂主体的界定。《意见》依据情节严重程度将商业贿赂分为不正当交易行为、一般违法行为和犯罪行为，建议依据不同法规给予不同性质的处罚。

4.《中华人民共和国刑法》

前述法规对商业贿赂行为主要予以行政和民事处罚，性质严重的贿赂行为则需依据《中华人民共和国刑法》（以下简称《刑法》）予以刑事处罚。《刑法》在 1980 年实施后，分别在 1997 年、2011 年、2014 年和 2017 年进行修订。《刑法》中有关商业贿赂的定罪主要见于：（1）第三章《破坏社会主义市场经济秩序罪》第三节《妨害对公司、企业的管理秩序罪》，包括第 163 条非国家工作人员受贿罪、第 164 条对非国家工作人员行贿罪、对外国公职人员和国际公共组织官员行贿罪。（2）第三章《破坏社会主义市场经济秩序罪》第四节《破坏金融管理秩序罪》，包括第 184 条受贿罪、非国家工作人员受贿罪。（3）第八章《贪污贿赂罪》第 385 条受贿罪、第 387 条单位受贿罪、第 388 条受贿罪和利用影响力受贿罪、第 389 条行贿罪、第 390 条行贿罪的处罚规定和对有影响力的人行贿罪、第 391 条对单位行贿罪、第 392 条介绍贿赂罪、第 393 条单位行贿罪。可见《刑法》对行贿罪和受贿罪都进行了规制，并且对行贿和受贿对象进行了详细区分，界定了不同的罪名，具体如表 1-1 所示。《刑法》对行贿和受贿主体的范围界定，与修订后的《反不正当竞争法》对商业贿赂受贿主体范围的扩大遥相呼应，为商业贿赂发生领域的泛化提供了执法依据。《刑法》强调了贿赂行为谋取不正当利益的特性，但是没有区分商业贿赂与公职贿赂的差别，从而使得商业贿赂犯罪的界定不明确。

表 1-1　　　　　　　《刑法》中有关贿赂定罪的罪名及适用对象

行贿	受贿	受贿个人属性	行贿方适用罪名	受贿方适用罪名	中介方适用罪名
个人	单位	—	对单位行贿罪	单位受贿罪	—
单位	单位				

行贿	受贿	受贿个人属性	行贿方适用罪名	受贿方适用罪名	中介方适用罪名
个人	个人	国家工作人员	行贿罪	受贿罪	介绍贿赂罪
		国家工作人员的近亲属或者其他与该国家工作人员关系密切的人	对有影响力的人行贿罪	利用影响力受贿罪	—
		非国家工作人员	对非国家工作人员行贿罪	非国家工作人员受贿罪	—
		外国公职人员、国际公共组织官员	对外国公职人员、国际公共组织官员行贿罪	—	—
单位	个人	国家工作人员	单位行贿罪	受贿罪	—

资料来源：作者整理。

综上可见，我国有关商业贿赂的立法规制随着形势发展不断改进，但是依然存在一定的问题。首要问题是没有专门法来规制惩戒商业贿赂行为，对商业贿赂的治理很长时期是通过文件形式来约束规范，相关反贿赂规定散落于不同的部门规章中，出台"救火式"，规定"随意性"，效力"短时性"，而且不同的制度规范之间概念界定不统一，影响了制度的权威性，也很难形成反商业贿赂的合力。即便最直接相关的《反不正当竞争法》和《刑法》在商业贿赂行为的界定上也有不尽如人意的地方，对商业贿赂行为的界定顾此失彼。此外，我国商业贿赂的法规重在惩处没有预防，不像美国的《反海外腐败法》就如何避免贿赂行为在财务制度上有相应规定，也影响了对商业贿赂犯罪的有效治理。

二、商业贿赂的含义及要素

（一）商业贿赂的含义

本书综合上述法规对商业贿赂的定义，在总结其优点和缺陷的基础上，对商业贿赂给出以下定义：商业贿赂是指在商业活动中交易方、交易利益相关方以及影响交易方的组织或个人，通过给予或收受财物或其他利益的手段，谋取不正当利益的行为。笔者认为，该定义一是可以尽可能涵盖商业贿赂涉及的广泛主体；二是兼顾定义了商业行贿和受贿行为；三是对商业活动和贿赂手段没有采取列举式的定义方式，而是采用了模糊的原则性定义，使得该定义对复杂的实务具有广适性；四是从贿赂目的强调了商业贿赂活动的违法性，其对行贿或受贿方而言都有谋取不正当利益的主观意图。

（二）商业贿赂的要素

商业贿赂的本质是钱权交易，行贿方给钱或付出其他利益代价，换取受贿方凭借手中掌握的权力给予的且行贿方想要的利益。商业贿赂作为一项非法交易行为而言，本书认为其构成要素有行为主体、行为意图、交易客体和侵犯客体。

1. 商业贿赂的行为主体涵盖商业活动中的一切组织及个人

原《反不正当竞争法》对商业贿赂行为主体的规定只是模糊界定为经营者，随着实践中商业贿赂参与方变得越来越多样和复杂，《反不正当竞争法》和《刑法》的修订，都将商业贿赂的行为主体范围进一步扩充，不仅仅是企业及其员工。以组织而言，《刑法》明确规定贿赂犯罪的实施单位包括国家机关、国有公司、企业、事业单位、人民团体，几乎可以囊括各种组织形式。以个人而言，《刑法》判定的贿赂犯罪个人包括国家工作人员、国家工作人员的近亲属或者其他与该国家工作人员关系密切的人，以及外国公职人员和国际公共组织官员。《反不正当竞争法》也将商业贿赂的受贿方界定包含交易相对方的工作人员、受交易相对方委托办理相关事务的单位或者个人、利用职权或者影响力影响交易的单位或者个人。可见，只要是发生在商业往来中活动中的贿赂，一切相关的单位和个人都有可能成为商业贿赂的犯罪主体。

2. 商业贿赂的行为主体有谋取不当利益的主观意图

商业贿赂的违法性在于其违反公平竞争原则，交易相关方有不正当利益获取，而且交易双方通过贿赂获取不正当利益是主动选择的自愿行为，都具有主观故意的企图和态度。于行贿方而言，贿赂存在于商业活动中有显著的商业目的。如果行贿者是企业，其商业目的不言而喻是获得交易机会和竞争优势，并且期望通过贿赂的方式免除公开、公平的竞争，明知会对竞争对手的利益造成损害也依然实施贿赂行为。如果行贿者是个人，则其贿赂目的就可能多样化，必须要用是否商业相关判别贿赂属性，如果单纯是为了个人前途和家庭生活，与个人所在组织的经济利益没有任何直接关系，则只构成一般贿赂不满足商业贿赂的判定条件。对于受贿方而言，接受贿赂意味着已经打算放弃原则和不再履行工作职责，给对方相应的利益回报，即便这项交易损害他人的合法利益也会予以实施。此外，就行贿受贿双方而言，如果贿赂的给付和收受是不知情、被蒙骗或者胁迫的，也不符合商业贿赂的判定条件。

3. 商业贿赂的交易客体包括有价值的财物及其他利益输送方式

既然是贿赂，就有利益的交换，需要付出代价。最简单直接的贿赂方式是给予金钱，不过金钱可以以不同的名目和形式送出。例如，折扣、佣金、促销费、宣传费、赞助费、科研费、劳务费、会务费、咨询费等。但是，上述项目的金钱交付和收受不一定构成商业贿赂行为，在法规判定上的主要依据为是否如实入账。例如，《暂行规定》和《反不正当竞争法》规定经营者可以以明示方式向交易相对方支付折扣，或者向中间人支付佣金，支付和接受折扣或佣金的都应当如实入账。也就是说，如果各种金钱支付或收受如实入账就不会成为法规上判定商业贿赂的证据支持，从而体现了商业贿赂的本质是不公平交易。目前在实务中怀疑有商业贿赂或者判定商业贿赂的主要依据是上述金钱交付收受不入账或者歪曲入账。例如医药企业的"学术营销"，医药企业行学术推广之名的会议费、咨询费数额惊人，意在诱使利益接收方利于其权力和影响力给行贿方特殊的照顾，隐藏着不公正的商业目的。随着监管的加强，当前贿赂的利益输送方式越来越复杂和隐蔽。例如，报销费用、房屋装修、会员服务、免费旅游、免除债务、捐赠财物，甚至性贿赂等。非物质性利益提供了金钱难以买到的东西，对人的诱惑力可能更大，再加上目前《刑法》规定的贿赂罪只提及了财物贿赂，因此，非物质利益的贿赂可以使行贿方更易实现自己的目又不易被查处惩罚，对社会的危害性更大。在实践中对非物质利益的商业贿赂判定，特别是形式上披着合规外衣的，主要看交易对价或获利是否不合理、不正当，这需要执法人员作出严谨的判断和全面的分析。

4. 商业贿赂侵犯的客体是公平竞争的交易秩序和组织成员的职务廉洁性

商业贿赂的目的是获取交易机会和竞争优势，这些商业利益都是稀缺资源，通过贿赂方式获得这些利益显然是走捷径，违背了市场交易的诚信原则，侵占了其他组织或个人公平竞争的权利和机会，破坏正常的经济秩序，很可能造成社会福利损失和危害社会稳定。以企业为例，首先，企业通过行贿获得稀缺资源，使得竞争对手不能在公平竞争、优胜劣汰的市场秩序下争取自己的市场和地位，势必招致竞争对手的不满，竞争对手的抗议不利于社会稳定，竞争对手的仿效则恶化社会风气；其次，企业贿赂成本很可能转嫁给消费者，消费者购买到质次价高商品的可能性增大，会引起消费者的不满，官商之间的贿赂交易也是公众极为痛恨的腐败行为，这些负面情绪的爆发都会危及社会稳定；再次，企业如果习惯走贿赂的捷径获得竞争优势，就很可能不再专注于创新研发，也不再积极进取降低产品成本和提高质量，从而抑制了企业发展，这种负面效应的扩散势必造成市场秩序混乱，经济丧失活力和走向衰退；最后，官商之间的贿赂可能形成企业的"保护伞"，助长企业的其他不法行为，例如企业实行更激进的避税政策乃至偷逃税款，企业为掩盖贿赂行为使得会计信息质量下降乃至财务造假，最终损害了国家利益和公众利益。

商业贿赂行为侵犯的客体具有双重性（李俊峰，2008）。除了对公平竞争交易秩序的破坏，它也侵犯了组织成员的职务廉洁性，违背组织成员的受托责任。如果商业贿赂的行为主体是企业员工，贿赂行为不利于企业内部培育公正廉洁的企业文化，员工贪图个人利益枉顾企业利益的受贿会危及企业发展。如果商业贿赂行为涉及国家公职人员，受贿则与贪赃枉法密切相关，腐败堕落严重侵害国家公职人员行政执法的廉洁性，公权换私利也极大地损害了国家公权力的权威性和神圣性。

第二节　商业贿赂的产生原因

商业贿赂行为的发生从纵向历史来看，有着深刻的政治、经济和文化背景原因；从横向地缘来看，广泛存在于世界各国和地区。例如，我国古代就有"红顶商人"，国外有"政治献金"，官商之间的密切联系或者利益输送是最为引人关注的商业贿赂类型。不论何种形式的商业贿赂，其产生原因是具有一定共性的。

一、商业贿赂双方的成本与收益分析

众所周知，商业贿赂是一种违法犯罪行为，实施主体明知有可能被曝光承担法律责任和相应后果依然选择铤而走险，显然都经过深思熟虑，是理性选择的结果。从经济学角度来理解，对于以自身利益最大化为目标的理性经济人而言，实施贿赂行为一定是权衡过利弊得失后所认为的最优决策。后文从公司角度分析其商业贿赂动机。

（一）商业贿赂双方的利益

站在行贿者的立场，笔者认为行贿者通过贿赂希望达成的目标或获取的收益有"防御型"和"进取型"两种。以企业为例，"防御型"的贿赂是企业被动行贿，主要存在于"官商贿赂"中，以避免受到坏的监管、惩罚与掠夺（Zhou and Peng，2012）。例如企业被乱摊派费用和乱罚款，被官员刁难勒索进行不必要的检查，以致陷入繁文缛节的审批程序中。此时贿赂的收益对行贿者是解决眼下的困境，主要目的是"止损"，贿赂起到"保护费"的作用（李捷瑜、黄宇丰，2010）。春日（Kasuga，2011）验证了柬埔寨服装制造业企业给官员的贿赂支付改进了官僚主义拖延作风，公司的生产率得到提高。"进取型"的贿赂则是企业积极主动地进行贿赂，以获得不平等的竞争优势。例如，赢得销售合同、进入特定业务领域、获得排他性的利益等，主要目的是"盈利"，为未来谋划，贿赂起到"敲门砖"的作用。蔡等（Cai et al.，2011）发现中国企业向政府行贿的费用有助于获得政府帮助和减少税负。赫尔曼等（Hellman et al.，2003）、李捷瑜和黄宇丰（2010）发现转型经济国家的企业贿赂可以促进增长。总之，无论哪种类型的行贿，贿赂的财物或利益都是"润滑剂"（Leff，1964），促使受贿方尽快作出有利于行贿方的决策，维护或最大化行贿方的利益。

站在受贿者的立场，受贿者收取贿赂获得财务及其他非物质利益，从主观意愿而言也有被动型或主动型之分。被动型受贿可能有多种情形，例如，行贿方采取了隐蔽的方式给予贿赂，受贿者没有发现而糊涂接受；或者行贿者在行贿同时进行了语言或暴力威胁，受贿者不敢拒绝；或者受贿者本质上不想受贿，但碍于情面不好拒绝而无奈接受。主动型受贿是受贿者有暗示或明示，期望交易方贿赂自己。主动型受贿可能源自受贿者对更多金钱财富追求的贪婪，也可能有不得已的隐情，例如陷入财务危机而急需金钱。总之，无论主动受贿还是被动受贿，从最终结果来看，受贿方收受了贿赂且没有主动揭露或退回的行动，受贿方有利益获得。

（二）商业贿赂双方的成本

毋庸置疑，商业贿赂对公平竞争市场交易的破坏必然损害社会福利产生社会成本。不过这可能并不是贿赂双方所关心的。贿赂交易双方关心的是他们自身需承担的成本。

对于行贿方而言，其成本有直接成本和间接成本之分。直接成本是交付的贿赂财物及其他非财物利益所需付出的代价，通常会产生经济支出。直接成本还包括沟通的时间成本，包括劝说对方接受贿赂沟通的时间，对方收取贿赂后督促对方兑现承诺的时间等。加利维亚（Gaviria，2002）发现支付了较多贿赂的公司，花费了更多的时间与官员协商监管问题。贿赂的间接成本多是隐性成本，相比显性的直接成本而言，往往是行贿方忽略但却对行贿方有重大影响的成本。

第一，贿赂会增加经营成本。贿赂支付的金钱代价无论如何隐藏最终都是企业的费用，变成企业的经营成本，负面影响企业的利润，而且经营成本的上升使得企业抬高商品或服务的价格，或者降低商品或服务的品质，都会造成客户的流失，影响企业的长期盈利能力。第二，贿赂会增加法律风险。贿赂行为一旦被发现，将会受到法律惩处，除了有罚款的金钱损失，对个人还有牢狱之灾的刑事处罚，对企业有名誉损失。个人或企业都可能进入不诚信的"黑名单"，被剥夺工作机会或交易机会，从而影响其长期发展。范等

（Fan et al.，2008）发现企业向官员行贿在获取银行贷款特别是长期借款方面有相对竞争优势，但是，一旦问题官员被抓，企业的债务融资优势随即消失，而且行贿企业在贿赂事件曝光前的业绩并不比其他企业差，但曝光后的业绩显著差于其他企业。第三，贿赂会增加财务风险。鉴于商业贿赂的违法性，公司往往会在财务制度上设法掩盖或隐瞒贿赂财物的支付，从而形成财务违规或者财务造假，引致财务监管部门的调查或者处罚，可能造成企业管理上的震荡，加重企业的经济损失和名誉损失。例如企业的业务招待费一直被外界质疑是贿赂腐败的"黑箱"，社会关注度高。第四，贿赂会增加被勒索的风险。贿赂可能是一种"内生的骚扰"（Myrdal，1968），贪婪的受贿者会根据行贿者的支付能力"量身定做"给出差别化的索贿价格，有可能超出行贿者预期，迫使行贿方付出额外的贿赂成本。如果双方有长期的业务合作关系，受贿方也可能把行贿方作为"提款机"，对于各种正常的商业交易也不断设置门槛提出索贿要求，这种勒索会使行贿方苦不堪言，行贿方付出的代价终有一天会超过其从贿赂中获得的收益。费斯曼和斯文松（Fisman and Svensson，2007）发现企业的贿赂支付负面影响销售增长，并认为贿赂是政府官员对企业的掠夺并造成了损害。第五，贿赂会增加惰性的机会成本。当企业通过贿赂得到想要的资源时，体会到走捷径的好处，就可能逐渐产生惰性，越来越习惯通过行贿的方式谋求竞争优势，而放弃冒风险去创新研发，也不会努力提高产品和服务的质量，由此侵蚀企业长期发展的动力和能力。第六，贿赂会损害企业文化。利益所在决定了公司对贿赂的态度往往是"双重标准"的，公司在必要时会通过贿赂手段赢得资源和机会，但是，公司不会允许员工以公司利益作为交换收受贿赂，这种"只许州官放火，不许百姓点灯"的做法就可能在公司内部形成不诚信的氛围（Badenhorst，1994），公司员工之间会形成"传染的贪婪"，在其作用下公司员工的舞弊行为就会扩散。而且当企业文化和商业道德有瑕疵时，公司内部就很难形成健康向上的凝聚力，公司的未来发展就潜伏危机，甚至公司的不道德行为使其自身受到员工的敲诈勒索，公司的当下和长远经济利益都受到损害。第七，贿赂会产生人力资本风险。为了公司利益的贿赂总是交付具体的个人去实施。一旦贿赂行为曝光，公司如何处置相关人员就会变成一个很棘手的问题。从法律和公义角度而言，公司通常会惩罚或开除涉案员工，但是如果员工是受高阶管理人员指使贿赂的，公司往往会"柿子只捡软的捏"，只处理普通员工就会被解读为找"替罪羊"或者"弃卒保帅"以求脱罪，从而使得员工对企业的忠诚度下降，员工的工作积极性受到打击，甚至可能触发员工的"离职潮"，由于人才流失造成业绩滑坡，企业招募和培训新员工的成本随之增加。

对于受贿方而言，受贿成本主要包括惰性成本、道德风险和法律风险。受贿方通过手中的权力换得利益，特别是当受贿方握有公权力、权力高度集中于个人且缺乏有效监督时，受贿方收受贿赂几乎是不劳而获或者举手之劳。这种权力带来的好处会使得受贿方越来越贪图享受，逐渐放弃自身努力，更多依赖于权力交换获得所需利益。而权力终究是暂时的附加特质，不是主体永久的自身特质，最终受贿主体的惰性依赖会损害其对自身竞争优势的培育而损害长期发展。而且受贿通常是不持续的收益来源，受贿者如果对受贿产生惰性依赖势必会为了收益的持续而开始不断索贿，即便最早是被动受贿也演变为主动索贿，越来越丧失道德底线。更重要的是，受贿行为相比行贿行为更易被发现，受贿方受到的法律惩处相比行贿方也更为严厉，因此，受贿方的法律风险及相关的声誉损失也显著大于行贿方。

（三）商业贿赂成本和收益的权衡：影响因素及证据

商业贿赂交易双方各自的收益成本明晰后，贿赂双方都会进行权衡，必然是在自认为收益大于成本的情况下才会达成交易。贿赂双方对收益成本大小的判断通常会依据外部环境和自身情况。影响企业贿赂决策的因素可以分为条件型因素和压力型因素。条件型因素在企业商业贿赂决策中是用来评价能不能做的问题，压力型因素则通常为能不能贿赂的讨论盖棺定论。

1. 条件型因素

（1）政治。商业贿赂既然是权钱交易，那么公权力被个人用于交换谋私利的前提就是公权力有被滥用的机会。政治制度不完善，政府官员拥有的剩余控制权越大，官员索取贿赂的能力越强（Lee et al.，2010）。政治环境越腐败，官商贿赂行为发生的可能性越大，这种不良风气也会传染造成官商贿赂的普遍，企业从商业贿赂中得到的保护性收益会更大。反之，当国家对公权力有较多的制衡和监督机制，政府官员的决策有规范严格的民主程序，企业产权和公民民主权利都有充分保障时，官员索贿的可能性和企业行贿的必要性都会降低。因此，政治清明商业贿赂会减少，政治腐败商业贿赂会增加（Martin et al.，2007）。

（2）经济。经济发展水平和商业贿赂的关系可以从绝对收入水平和相对收入水平两个方面来解释。从绝对收入水平来看，一国经济越发达人民收入水平越高，在"高薪养廉"的逻辑下人们对金钱渴求的贪欲就会得到抑制，拥有权力的一方就可能不会以身试法冒险收受贿赂，受贿方的动机减弱从而贿赂行为减少。从行贿方而言，国家经济发展水平较高，通常是市场发挥资源配置作用，企业有较为公平自由的商业环境，市场信息透明度高，此时公司通过贿赂避免坏的监管的动机和通过贿赂谋求不平等竞争优势的可能都会降低。所以总体上研究证明国家经济发展水平与公司贿赂倾向及金额负相关（Sanyal，2005；Lee et al.，2010；Zhou and Peng，2012）。从相对收入水平来看，一国经济发展不均衡与商业贿赂发生率的关系则较为不确定（Sanyal，2005）。如果收入差距较小，可能在拥有权力、职级较高的一方觉得是不公平的，所以会有索贿和受贿的动机，更易发生贿赂行为。如果收入差距较大，则在低职级的一方也可能认为是不公平的，从而有动机追求财富的迅速增长，哪怕通过索贿受贿。

（3）法律。良好的司法系统、完善的法律监管也会减少腐败贿赂行为（Beck et al.，2006；Barth et al.，2009）。当法制建设落后、法律监管不透明、执法不规范时，商业贿赂的倾向会增加（Wu，2009）。因为贿赂者的贿赂行为不被发现或者即便被发现也能设法逃避法律惩处的侥幸，法律监管的漏洞为商业贿赂的低成本运作提供了可能。

2. 压力型因素

（1）社会文化。文化是社会价值观的反映，不同国家文化不同，但是文化差异很难度量。霍夫斯蒂德（Hofstede，1980）对国家文化度量发展了四个维度，分别是男性度和女性度、权力距离大小、不确定性规避程度、个人主义与集体主义，后来又扩展了长期取向与短期取向、自身放纵与约束两个维度，但是影响最大的还是前四个维度。珊亚（Sanyal，2005）、马丁等（Martin et al.，2007）、陈等（Chen et al.，2008）都发现，在文化偏男性度的国家公司贿赂倾向更高。这可能是因为男性度的文化中人们较为崇拜权力和金钱，对名利的追求使得人们愿意铤而走险去收受贿赂获得金钱或者通过贿赂获得成功。一般认为我国是典型的关系型社会或者是熟人社会，人们行事习惯找熟人和关系。"礼尚往来"的传统也使得人们习惯通过送礼物的方式去维系关系，因此，社会对送礼这种人际交往方式的接受度较高。反映在经济领域就是较为缺乏契约精神，倾向于依赖人情关系进行与完成商业交易。送礼作为人情交往的润滑剂被认为是符合商业惯例的潜规则，由此极易突破必要的边界和尺度，演化为商业贿赂行为。

（2）行业竞争度。行业竞争越激烈，公司要想获得竞争优势就越难，公司在竞争压力之下越可能通过贿赂手段谋求发展，因此，诸多研究证实了行业竞争是公司贿赂的一种外在压力，行业竞争程度与公司贿赂倾向正相关（Martin et al.，2007；Chen et al.，2008；Lee et al.，2010）。反之，如果公司商业伙伴即受贿对象所处行业竞争程度越激烈，则与公司贿赂倾向负相关。因为这意味着公司有更多选择商业伙伴的机会和议价空间，希望从商业伙伴那里得到的资源就不是稀缺的，不必通过贿赂方式取得。但如果商业伙伴所在行业的竞争程度低甚至是垄断性行业，则企业行贿的压力又会加大。相关证据有：巴斯等（Barth et al.，2009）发现，银行业间的竞争与贷款腐败负相关；克拉克和徐（Clarke and Xu，2004）发现，当公用事业部门竞争水平低时，其雇员更倾向于索取和接受企业的贿赂。

（3）与官员接触度。李等（Lee et al.，2010）提出，国家腐败的普遍性以及企业与政府官员的接触频率会成为一种外在压力影响企业的贿赂行为。当企业处于一个贿赂腐败行为较普遍的国家，并且企业因为业务需要频繁地与政府官员接触时，公司被索贿的概率和拒绝贿赂的压力都会增大。实证研究中一个例证是出口型企业因为产品出口事项与政府官员的接触度高，因而被索贿概率和贿赂倾向都会增大（Chen et al.，2008）。克拉克和徐证实了企业对公共服务依赖程度高意味着与公务人员接触频繁，其贿赂倾向会增加。

（4）商业关系网络。一般而言企业都知道贿赂行为是不道德的，但是企业仍然会做，可能是因为"大家都这么做"，如果企业特立独行不贿赂就会被从特定的关系网络中除名，产生经济损失。"行高于人众必非之""非我族类其心必异"都是这种"圈子"文化的体现。蓝博特－莫基廉斯凯（Lambert-Mogilansky，2002）认为企业通常会属于特定的商业网络，作为网络成员对公司是有利的，特别是在获取内部人信息方面。政府官员在商业网络中一般处于中心地位，而且企业和政府官员之间存在信息不对称，官员掌握的一些政策信息对企业是有价值的，由此官员售卖泄露信息给企业，企业贿赂官员获得信息提前采取行动。如果企业不愿意贿赂，官员就可能威胁称不再泄露信息给商业网络中的其他企业，除非将不贿赂的公司驱逐出关系网络。由此商业网络中的企业在贿赂上有互律性和诱致性，形成一个一损俱损的利益圈。为了避免"拔出萝卜带出泥"受到集体惩罚，一旦形成商业贿赂的网络和圈层，通常贿赂行为会较为隐蔽和稳定，除非出现"缺口"。

（5）自身脆弱性。脆弱性指企业拒绝贿赂的抗压能力，如果企业拥有足够的财务和政治资源，企业在面对索贿时就敢于顶住压力拒绝贿赂，否则企业面对索贿就是脆弱的，被迫行贿的可能性增大。实证研究中提供的证据表明公司以下特征代表了企业拥有的抗压资源和能力，包括公司规模大、公司年龄长、国家股或外资股比例较高（Clarke and Xu，2004；Chen et al.，2008；Wu，2009；Barth et al.，2009；Lee et al.，2010）。至于企业的盈利能力，研究结论不太一致。盈利能力可能代表拒贿能力，盈利能力强就有更多的财务资源采取法律行动，保护自己免受索贿威胁，所以盈利能力和贿赂倾向及金额负相关（Chen et al.，2008）。但是盈利能力也可能代表贿赂支付能力，盈利能力强就被更多频次地索贿，且被"差别定价"索取更高的贿赂金额，因此，盈利能力强也和企业贿赂倾向及金额正相关（Svensson，2003；Clarke and Xu，2004）。此外，企业不行贿需要付出的代价也会构成其贿赂的压力。斯文松（Svensson，2003）发现，当不行贿的资本回报率较贿赂实现的回报率低时，公司会倾向行贿。前述都是从企业角度分析，对于组织成员企业员工而言，其脆弱性或者压力来自企业内部的绩效评价和薪酬管理制度，销售人员通常此类压力较大，用贿赂手段赢得交易和客户较为普遍。

对于商业贿赂中社会关注度较高、危害也更为严重的官商贿赂，图 1－1 总结了影响官商贿赂的主要因素。（1）公司贿赂的主观动机是利益诉求，一是将贿赂作为"保护费"，避免受到繁文缛节式的监管掠夺或者惩罚；二是将贿赂作为"润滑剂"，以加速获取经济资源的效率，因此，商业贿赂可能是公司的计划行为和策略选择。官员受贿也并非完全被动，意图掠夺的官员为了实现收益最大化，会凭借手中掌握的剩余控制权，考虑公司的支付能力而要求相应水平的贿赂金额，从而形成内生的骚扰。（2）官员与公司处于特定的商业关系网络中，两者业务接触的密切程度、官员和公司各自拥有的资源和能力、官员和公司所处的社会环境和面临的压力、公司所在的行业属性及其竞争程度等，都会影响双方在贿赂中的议价能力和谈判地位，决定着贿赂是否可以避免或者贿金的多少。（3）公司贿赂是否能避免掠夺、提高效率并无定论，与公司自身的规模和能力、所处的制度环境以及行贿对象都有关系。总体上，研究支持当公司位于制度环境较差的国家地区时公司从商业贿赂中得到的益处较大。

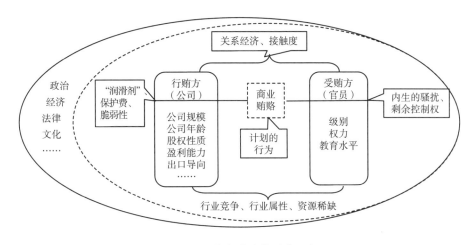

图1-1　官商贿赂的影响因素

二、商业贿赂产生的理论分析

商业贿赂作为一种舞弊行为，其产生原因符合一般的舞弊理论解释。例如，克理西（Cressey，1973）创立的经典"舞弊三角理论"认为，舞弊的产生有需要、机会和借口三个条件。毕格曼和巴特（2009）又提出了一些新的舞弊理论，包括解释舞弊行为具有惯性的"薯条理论"，认为舞弊行为具有传染效应的"烂苹果理论"等。此外，有关商业贿赂还有一些专门的理论解释。

（一）寻租经济学

租指经济租金，是要素收入超过要素机会成本的余额。寻租是非生产性的寻利活动，非生产性活动不增加社会总体福利，而只是改变生产要素的所有权，因此，个体寻租追求自身利益最大化的最终结果是形成垄断，造成社会的低效率和资源浪费。商业贿赂是一种较为隐蔽的寻租行为，行贿方寻租，受贿方也会利用手中的权力设租，以引诱行贿方寻租并索要利益（周晓唯和赵娜，2010）。公共权力中蕴藏的巨大经济利益形成了权力寻租的土壤（刘杨，2006）。而受贿方可以设租的前提主要是制度存在漏洞，前述已从政治、经济和法律三个方面进行阐述。而行贿方寻租可能是主动的也可能是被动的，前面也已详述了行贿可能获得的利益以及行贿方面临的压力。总之，商业贿赂所寻的租，就是制度缺陷下权力运行不规范所产生的超额收益。

（二）社会交换理论

张心向（2006）用社会交换理论解释商业贿赂的存在和发生。社会交换理论有10个基本概念，分别是行动、互动、情感、刺激、报酬、成本、投资、利润、剥夺、满足，这些概念相互结合构成一系列命题解释社会行为，包括成功命题、刺激命题、价值命题、剥夺—满足命题、攻击—赞同命题、理性命题等。第一，依据社会交换理论的价值命题，商业贿赂行为对行为实施者是有价值的。当实施者从商业贿赂行为中获得的利益越大，对行为人就越会形呈正向激励，他们就越会实施这种行为。第二，依据剥夺—满足命题，商业贿赂的根本是获得利益。不实施贿赂行为不仅得不到额外的利益，而且正当的利益会被实施贿赂的行为人抢夺。因此，即便不想获取非法利益，为了保护正当利益也不得不进行贿赂。第三，依据攻击—赞同命题，如果商业贿赂行为的实施者得到了超出预期的利益并且没有产生预期的惩罚时，行为人将有可能继续实施贿赂行为甚至变本加厉，以实现期望目标或者挽回损失。

（三）风险回报权衡理论

奥加拉（2009）认为，增加的舞弊回报和下降的被起诉及发现风险使得管理层舞弊行为增多。舞弊案例中经常出现的情形是损害组织利益的重大管理层舞弊通常不会反映在财务报告中，因而很难被发现。而且舞弊者相信，即使舞弊被发现也不会被起诉。全球注册舞弊审查师协会（Association of Certified Fraud Examiners，ACFE）2018 年的调查结果证实了奥加拉（2009）的论断，当公司发生职务舞弊案件后，付诸法律行动予以起诉的比例在逐年下降，最主要的原因是公司害怕声誉受损，其他常见理由还有内部惩罚已经足够、起诉成本太高等。可见，当贿赂舞弊发生后公司不愿起诉的纵容行为会降低舞弊风险，强化潜在舞弊者的动机。所以波波卡（Powpaka，2002）认为商业贿赂是行为人的理性选择和深思熟虑的决定，是对贿赂成本收益、投入产出反复权衡后的结果。

总之，本书认为商业贿赂行为是贿赂当事人利益权衡后的理性选择，商业贿赂行为中没有真正的无辜者，行贿方无论是积极主动实施还是基于压力被动实施，最终都是为了自己的利益。贿赂目的是不正当的，贿赂行为自然是违法的。即便目的是正当的，但采用了贿赂的手段，其行为属性也就变成了违法。而风险和收益总是成正比的，通过贿赂获得的收益越大，贿赂承担的风险和需要付出的成本也越大。

第二章
商业贿赂对公司的财务影响：基于媒体报道

第一节　文献回顾与假设的提出

商业贿赂行为的非法性决定了公司几乎不会自愿披露，媒体报道成为发现和监督公司贿赂行为的主要方式，媒体报道也是监管部门立案执法的重要线索。随着国家对商业贿赂治理监管的加强，有关商业贿赂的媒体报道逐渐增多。媒体报道减弱了企业内外部的信息不对称问题，使得企业的贿赂行为为公众所知悉。就媒体报道公司的商业贿赂行为，公众会作出什么反应？对被报道公司又会产生什么影响呢？本书以民营企业作为研究对象，关注了民营企业的贿赂行为被媒体报道后所产生的经济后果。

由于历史原因，国有企业与民营企业的生存环境和国家扶持情况有较大差距，民营企业为了弥补自身的发展劣势，有动机通过非市场化或非正式化手段来寻求政策扶持。在这一过程中，面对市场资源的半垄断性和政策扶持的行政性，"亲近"公权力寻求"庇护"成为民营企业家的"最优选择"（李玮玮，2018）。但是，商人与政府官员建立关系，存在内生的腐败和道德问题（Fan，2002）。民营企业建立政治关联的过程，如果不能避免钱权交易就会滋生腐败问题（高利芳、马露，2016）。腐败最常见的方式就是贿赂。我国首部反商业贿赂蓝皮书的调查结果显示，在不同产权性质的企业中，民营企业反贿赂的合规意识淡薄，反贿赂的内部控制制度和执行情况最差，因而面临更高的贿赂风险。近年来媒体报道政法机关查处的公司贿赂案件层出不穷，很多都涉及民营企业。根据中国裁判文书网的统计，行贿罪是民营企业和民营企业家近年面临的高风险罪名之一。事实上，政府官员和民营企业家之间的互相勾结利用已成为我国经济类贪腐案件的主要特征（刘瑞娜，2013）。本书从财务视角研究民营企业商业贿赂被媒体报道的经济后果，对于商业贿赂的治理和民营企业的健康发展都具有重要意义。

一、媒体报道公司贿赂行为的财务影响

贿赂行为可能是公司处于不利制度环境中用于自我保护和谋求快速发展而采取的一种战略手段。实证发现，当公司在政府干预较多、行政效率低下、法律体系不完善以及私有产权得不到足够保障的国家或地区经营时，更可能发生贿赂行为（Wu，2009；Zhou and Peng，2012）。公司所处行业竞争越激烈也会给公司带来越大的压力，公司为了占有更多的市场份额同样有动机进行贿赂（Martin et al.，2007；Chen et al.，2008；Lee et al.，2010）。已有经验证据支持了贿赂行为能够帮助公司规避掉不利环境因素，发挥"润滑剂"与"保护费"的作用，促进公司增长和效率提高（Hellman et al.，2003；李捷瑜和黄宇丰，2010；Kasuga，2011；赵颖，2015）。而且贿赂提供的隐形激励手段也能够弥补由于薪酬管制而导致的货币薪酬激励不足等问题，对高管起到激励作用，有效缓解企业低效问题（李追阳、余明桂，2018）。然而，公司贿赂可能也会给企业带来额外的成本，包括沟通成本、经营成本和资本成本等（Wu，2009），以及贿赂行为被曝光后公司面临的声誉损失、法律责任和经济处罚（Wu，2005）。戴维森等（Davidson et al.，1994）发现，资本市场对上市公司非法行为的公告整体上反应不显著，但是把样本依据犯罪类型分类后，发现资本市场对贿赂、偷税和违反政府合同的行为有显著负面反应。笔者没有发现有关公司贿赂经济后果的国内经验证据，学者们主要验证了公

司的财务舞弊和信息披露违规行为会产生负面反应（杨忠莲、谢香兵，2008；杨玉凤等，2008；吴溪、张俊生，2014）。

媒体对公司行为的相关报道会导致公司受到更多的关注，特别是长篇累牍的报道、持续性报道和不断转载的扩散性报道，会放大事件本身对公司产生的影响，最直观的表现是影响上市公司股价（Antweiler and Frank，2004；Tetlock，2007）。特别是媒体对公司行为的负面报道更容易引起社会各界关注，通过监督机制、声誉机制和市场压力机制的作用（田高良等，2016），对企业的市场表现和经营绩效等方面产生负面影响（Chan，2003；黄辉，2013）。然而，目前国内研究关注的媒体对公司行为的负面报道主要集中于会计舞弊、产品质量和环境问题，且研究结论并不一致（柳木华，2010；王遥、李哲媛，2013；张俊，2015；王欣等，2015）。就公司贿赂行为而言，笔者认为媒体报道这一消息会产生负面的市场反应。这是因为贿赂和腐败相辅相成，民众对腐败行为深恶痛绝。公司贿赂行为的曝光表明公司在商业道德和社会责任履行方面存在瑕疵，负面影响投资者对公司的评价，投资者用脚投票会导致公司股价下跌。媒体报道通常会产生推波助澜的作用，新闻传播加速了坏事传千里的速度，扩大了知情的投资者范围，强化了贿赂事件本身的公众反应。此外，媒体报道通常会通过修辞手法、文字技巧对事件加以渲染描述，以增加报道的关注度。因此，媒体很难做到完全客观报道，媒体传达的态度也会影响公众的判断和情绪。对于公司的贿赂行为，笔者认为媒体出于社会责任感会传达否定批判的态度，从而强化了包括投资者在内的社会公众对公司贿赂行为的反感程度。因此，本书预期公司的贿赂行为被媒体报道后，会导致投资者的负面情绪和公司股价下跌，据此，本书提出假设 H2－1。

H2－1：媒体报道公司贿赂行为短期内会产生负面的市场反应。

股价短暂下跌可能并不是媒体曝光公司贿赂行为的唯一后果，贿赂行为被报道对公司的影响可能是长久而深远的。首先，相关部门会对企业进行调查，如若情况属实，相应的处罚是不可避免的，而这种处罚通常是极其严厉的，必然会使企业承受一定的经济损失。其次，如果商业贿赂涉及政府官员，媒体报道可能会引起纪检监察部门的关注，如媒体报道属实，官员被处分会使得公司失去"保护伞"，不再享有特权待遇，这要求公司从原先的经营与盈利模式中进行重新转换，适应新的环境（黄少卿，2018）。这段时间属于公司的"阵痛期"，在此期间公司的经营效果可能会呈现一定程度的下滑。最后，由于贿赂属于一种不诚信行为，公司一旦被爆出相关新闻，包括客户以及供应商在内的企业利益相关者对于企业的信任可能会减少，进而减少与公司的合作，从而也会对公司的后续经营与发展产生一定的消极影响。由此，本书提出假设 H2-2。

H2-2：媒体报道公司贿赂行为在长期内会负面影响公司的经营绩效。

二、公司贿赂类型、媒体报道及财务影响

公司作为商业贿赂的行贿方，贿赂能够影响商业交易的组织和个人。如果公司行贿对象只是普通的商业合作伙伴，这种"商商贿赂"危害的范围可能主要限于商业竞争对手，是公司之间私有权力的滥用，不涉及对公有权力的践踏，对社会的危害相对较小，因而民众的容忍度相对较高，社会关注度较低，媒体报道热度也较低，从而对被报道公司的负面影响也较小。而受贿对象如果是政府官员，相比普通的商业合作伙伴，通常会引起更多的社会关注。首先，因为这种"官商贿赂"是经济和政治领域的双重不道德行为，其违法犯罪的性质更恶劣，对社会造成的危害更大。民众一贯痛恨政府官员的腐败行为，对官商贿赂的容忍度较低。特别是党的十八大以来国家"重拳"反腐败，在这种政治背景下，一旦有企业被爆出有贿赂政府官员的行为，社会关注度较高，媒体报道热度也较高，给公司带来的负面影响必然更大。其次，"官商贿赂"中的政府官员一般不会只受贿于一家公司，"官商贿赂"涉及的政商关系网都是较为庞大的，公检法机构对"官商贿赂"的调查取证时间会较长，相关涉事企业的日常经营受到负面影响的时间也就更长。而且"官商贿赂"受到社会关注度高，公众一般预期对相关企业的追责和处罚也会更为严厉，因此，企业的利益相关者对行贿企业的信心下降程度更高，企业业绩受到的负面影响必然时间更长且程度更强。最后，由于官员拥有的权力较大，企业通过行贿政府官员相比于贿赂普通商业伙伴得到的利益会更多，那么贿赂行为曝光后行贿企业的损失也就更大，对其财务业绩的影响也更显

著。由此本书提出假设 H2 – 3 和假设 H2 – 4。

H2 – 3：官商贿赂的相关企业被媒体报道后短期市场反应受到的负面影响更显著。

H2 – 4：官商贿赂的相关企业被媒体报道后长期经营绩效受到的负面影响更显著。

第二节　研究设计

一、样市选择和数据来源

本书以 2003～2017 年在沪深两市上市交易的、贿赂行为被媒体报道的民营上市公司为研究样本，以民营上市公司的全称或简称（包括曾用名）和"贿赂"两字作为关键词，运用八爪鱼软件抓取网络上有关公司的贿赂新闻。本书将媒体报道限定于网络媒体报道，是因为网络信息获取的快捷便利，使得传统纸质媒体、电视媒体的受众在不断减少。特别是近年来纸质媒体休刊、停刊潮不断涌现，或者一些纸质媒体转型为电子化的网络媒体，网络媒体的影响力日渐扩大，网络成为人们获取新闻信息的主要渠道。本书采用八爪鱼软件抓取网络新闻，可以避免手工收集新闻的遗漏问题。然而，软件抓取网络新闻克服了样本被低估的问题，却又产生了样本被高估的新问题。因为出现公司名称和贿赂关键词的网页并不都是新闻报道，而且对同一公司同一贿赂事件可能会有多次报道。对此，笔者对八爪鱼软件收集的网络新闻进行了人工甄别，剔除了不属于公司贿赂新闻的数据，对同一公司同一贿赂事件的报道合并记录其报道数量。整理后得到有关公司贿赂的报道共 177 次，涉及89 家民营上市公司。少数公司被媒体报道贿赂多次，最多的一家公司在样本期内被报道了 11 次贿赂事件。

图 2 – 1 反映了样本期内媒体有关商业贿赂事件报道数量的变动趋势。从图 2 – 1 中可以看出媒体对商业贿赂的报道自 2013 年开始暴增。笔者认为这是因为 2013 年曝光的葛兰素史克中国行贿案是我国商业贿赂监管治理史上的

一件大事，此案因为涉案金额大、处罚重，成为社会关注热点。此案的曝光使得公众开始转移关注其他企业的商业贿赂问题，媒体报道数量自然也随之增加。而且 2012 年党的十八大召开后，反腐败成为舆论关注的焦点问题。在这一政治背景下，与腐败相关的贿赂问题也就成为媒体报道的热点。本书收集的 177 次公司贿赂报道中，属于官商贿赂的为 112 次，属于商商贿赂的为 65 次，官商贿赂占比达到 63%。这可能是现实中发生的商业贿赂行为主要是官商贿赂，也可能是媒体为了增加新闻关注度更倾向于报道官商贿赂。此外，177 次媒体报道中被报道的民营上市公司作为行贿方的有 174 次，作为受贿方的仅有 3 次。这与前述的分析一致，民营企业相比国有企业在市场竞争中处于弱势地位，民营企业希望通过贿赂方式赢得竞争优势的动机更强。图 2 - 2 列示了贿赂公司所属的行业类型，可以看出，医药制造业、电子设备制造业、建筑业以及影视录音制造业的商业贿赂问题较为严重，这与商业贿赂蓝皮书调查的商业贿赂行业分布情况较为吻合。

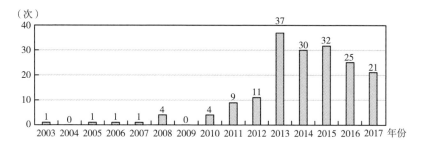

图 2 - 1　2003 ~ 2017 年媒体有关商业贿赂的报道数量

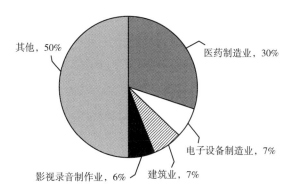

图 2 - 2　2003 ~ 2017 年媒体报道贿赂公司的行业分布

二、模型设计和变量定义

本书用事件研究法计算被媒体报道贿赂行为的公司在短窗口期内的累计异常报酬率（CAR），度量资本市场对媒体报道公司贿赂新闻的反应。CAR 的计算以媒体报道公司贿赂新闻的首次出现时间作为事件发生日（t = 0），选取事件发生日前后两天即设定 [-2, 2] 为事件窗口。本书采用风险调整超额收益率法来计算样本公司在事件日前后的日超额收益率和累计超额收益率。

首先估计每日的股票超常回报，参照陈胜蓝和马慧（2017）的做法，设置估计期为 [-210, -11]。市场模型如下：

$$R_{it} = \alpha_i + \beta_i R_{mt} + \varepsilon_{it} \qquad (2-1)$$

其中，R_{it} 和 R_{mt} 分别是股票 i 和市场证券投资组合在 t 期的回报（均考虑现金股利投资）。市场证券投资组合的回报为基于市场内股票等权计算的回报。

按照市场模型估计出单个股票的异常报酬率 ε_{it}：

$$\varepsilon_{it} = R_{it} - (\hat{\alpha} + \hat{\beta} R_{mt}) \qquad (2-2)$$

其次计算整个样本在 t 日的平均异常报酬率 AR_t：

$$AR_t = \frac{1}{N} \sum_1^N \varepsilon_{it} \qquad (2-3)$$

最后计算整个样本在事件窗口期 [t1, t2] 的累计异常报酬率 $CAR_{[t1,t2]}$：

$$CAR_{[t1,t2]} = \frac{1}{N} \sum_{t1}^{t2} AR_i \qquad (2-4)$$

本书通过检验 CAR 的显著性验证假设 H2 - 1，将媒体报道公司按照贿赂类型分为官商贿赂和商商贿赂两类，检验分组样本 CAR 的显著性，以验证假设 H2 - 3。如果媒体报道公司贿赂涉及的双方当事人中有一方为国家公职人员，则定性为官商贿赂，否则为商商贿赂。对假设 H2 - 2 和假设 H2 - 4 的检验采用模型（2 - 5）检验。对公司长期经营绩效的度量，学者们在现有研究中通常用会计指标和市场指标两种度量方式。本书选用总资产收益率（ROA）这个会计指标予以度量（唐松和孙铮，2014）。总资产收益率能够较好地反映出公司资产综合收益的能力，科内特等（Cornett et al.，2007）认为它比托宾Q更能代表经营绩效的水平。其中，Time 表示媒体报道时间，贿赂报道当年及以后两年记为 1，报道前 3 年记为 0。如果假设 H2 - 2 成立，预期 Time 与 ROA 的回归系数 α_1 显著为负。Brbe 代表贿赂类型，设为虚拟变量，官商贿赂记为 1，商商贿赂记为 0。假设 H2 - 4 的检验主要关注 Time 和 Brbe 交乘项的系数是否显著为负，即：

$$\begin{aligned}
\text{ROA} = {} & \alpha_0 + \alpha_1 \text{Time} + \alpha_2 \text{Brbe} + \alpha_3 \text{Time} \times \text{Brbe} + \alpha_4 \text{Intv} + \alpha_5 \text{Strength} \\
& + \alpha_6 \text{Last} + \alpha_7 \text{Size} + \alpha_6 \text{Liqu} + \alpha_7 \text{Grow} + \alpha_8 \text{Lev} + \alpha_9 \text{Top1} \\
& + \alpha_{10} \sum \text{Ind} + \alpha_{11} \sum \text{Year} + \varepsilon
\end{aligned} \qquad (2-5)$$

模型（2 - 5）中控制了媒体报道和公司的特征。媒体报道特征包括了媒体报道类型（Intv）、媒体报道强度（Strength）和媒体报道持续时长（Last）。媒体报道类型分为属实报道和质疑报道。属实报道是指公司贿赂已是客观事实，判断依据是报道中提到法院已做判决或贿赂当事人已被采取强制措施。质疑报道指媒体对公司是否贿赂媒体只停留在质疑猜测阶段，没有进一步的证据支持。马露（2016）发现媒体质疑公司贿赂的报道会对公司产生更负面的影响。媒体报道强度采用门户网站对公司贿赂报道的字数取对数度量，门户网站包括人民网、新华网、凤凰网、中国财经信息网、中国经济网、中国证券网、新浪财经、网易财经、搜狐财经、腾讯财经等知名网络媒体。预期媒体报道强度越大、媒体持续报道天数越长，媒体报道公司贿赂的负面影响越大。参考徐细雄和刘星（2013）、薛健等（2017）的研究，公司特征控制了公司规模（Size）、公司流动性（Liqu）、公司成长性（Grow）、资产负债率（Lev）、股权集中度（Top1）。模型还控制了行业和年度效应。本书用到的变量符号及其解释如表 2 - 1 所示。

表 2-1　　　　　　　　　　　　　　　　变量定义

类型	变量	变量名称	变量定义
被解释变量	CAR	累计异常报酬率	用风险调整超额收益率法度量
	ROA	总资产收益率	净利润与平均资产总额的比值
解释变量	Time	媒体报道时间	贿赂报道当年及以后 2 年记为 1；报道之前 3 年记为 0
	Brbe	贿赂类型	官商贿赂记为 1；商商贿赂记为 0
控制变量	Intv	报道类型	贿赂属实记为 1；质疑贿赂记为 0
	Strength	媒体报道强度	主要门户网站报道字数取对数
	Last	持续报道天数	媒体集中报道持续天数
	Size	公司规模	公司总资产的自然对数
	Liqu	公司流动性	流动资产与总资产的比值
	Grow	公司成长性	营业收入增长率
	Lev	资产负债率	资产负债率
	Top1	股权集中度	第一大股东的持股比例
	Ind	行业	行业虚拟变量
	Year	年度	年度虚拟变量

　　媒体报道贿赂公司的财务数据和公司治理数据来自 CSMAR 数据库。数据收集过程中剔除了金融行业的上市公司和相关财务指标缺少的公司。事件研究法计算 CAR 需要获得事件期内样本公司连续日股票收益率，本书对于股票连续停牌无数据的样本公司做了剔除，媒体报道公司的次数减少到 167 次。其中，官商贿赂为 108 个样本，商商贿赂为 59 个样本。模型（2-5）回归的总样本为 902 个。为了控制样本公司中极端值的影响，对于所有连续变量进行了 1% 分位的 Winsorize 处理。

第三节　实证结果分析

一、媒体报道及贿赂类型的资本市场反应

（一）全样本的市场反应

图 2-3 为全样本公司在贿赂行为被媒体报道日及前后各 2 个交易日共 5

个交易日的日平均异常报酬率（AAR）和累计平均异常收益率（CAAR）的分布。从图 2-3 中可以看出，在（-2，2）的事件窗口内，AAR 和 CAAR 均为负值。在媒体曝光的第二天 AAR 降至最低点，CAAR 在事件窗口内则直线下降。CAR 的均值检验结果如表 2-2 所示。随着窗口的扩大，CAR 值越来越小且显著为负。CAR（-2，2）的 T 检验值为 -7.89，在 1% 的水平下显著，支持了本书的假设 H2-1。

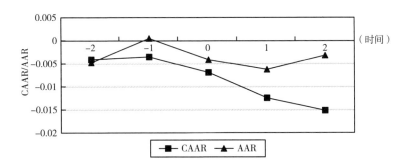

图 2-3　媒体报道公司贿赂短窗口（-2，2）全样本 AAR 和 CAAR 分布

表 2-2　　　　　　　总样本 CAR（-2，2）均值检验结果

窗口	平均值	标准差	T 值	P 值
（-2，-2）	-0.0059	0.0035	-1.6766	0.0955
（-2，-1）	-0.0020	0.0039	-0.4988	0.6182
（-2，0）	-0.0084	0.0039	-2.1767	0.0300 *
（-2，1）	-0.0227	0.0037	-6.0813	0.000 ***
（-2，2）	-0.0293	0.0037	-7.8942	0.000 ***

注：***、* 分别代表在 1%、10% 的统计水平下显著。

（二）区分贿赂类型的市场反应

图 2-4 显示官商贿赂和商商贿赂样本在（-2，2）窗口内的累计平均异常报酬率，显然，不同的贿赂类型有着截然不同的市场反应。商商贿赂样本的 CAR 值基本维持稳定且大于 0。官商贿赂样本的 CAR 值在此期间则为负值，且一直在下降。在表 2-3 和表 2-4 所示的分样本 CAR 均值 T 检验结果

中，商商贿赂样本 CAR（-2，2）的均值为正，在 5% 的水平下显著。官商贿赂样本 CAR（-2，2）的均值为负，在 1% 的水平下显著。由此可见，投资者对官商贿赂有更显著的负面反应，验证了假设 H2-3。

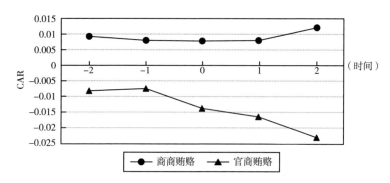

图 2-4　媒体报道公司贿赂短窗口（-2，2）官商贿赂和
商商贿赂样本 CAR 值

表 2-3　　　　　59 个商商贿赂样本 CAR（-2，2）均值 T 检验

窗口	平均值	标准差	T 值	P 值
（-2，-2）	0.0012	0.0061	0.2000	0.8425
（-2，-1）	0.0031	0.0070	0.4393	0.6616
（-2，0）	0.0160	0.0075	2.1447	0.0339 *
（-2，1）	0.0124	0.0072	1.7331	0.0849
（-2，2）	0.0178	0.0064	2.7976	0.0056 **

注：**、* 分别代表在 5%、10% 的统计水平下显著。

表 2-4　　　　　108 个官商贿赂样本 CAR（-2，2）均值 T 检验

窗口	平均值	标准差	T 值	P 值
（-2，-2）	-0.0095	0.0048	-1.9849	0.0498 *
（-2，-1）	-0.0043	0.0055	-0.7897	0.4306
（-2，0）	-0.0202	0.0052	-3.8867	0.0001 ***
（-2，1）	-0.0415	0.0049	-8.4799	0 ***
（-2，2）	-0.0544	0.0049	-10.9953	0 ***

注：***、* 分别代表在 1%、10% 的统计水平下显著。

二、媒体报道及贿赂类型对长期经营绩效的影响分析

（一）描述性统计

表 2 - 5 列示了对样本的描述性统计结果。样本公司流动性水平相近，总体水平较高；公司成长性差异较大，总体成长性水平较低；资本结构差异较小，总体负债水平较低。另外，可以看出，不同样本公司被媒体报道的强度存在一定程度的差异，与此同时，体现媒体关注度的报道持续时间变量也有较大的差异。

表 2 - 5 样本的描述性统计

变量	样本量	平均数	标准差	最小值	中位数	最大值
ROA	902	0.0629	0.0628	-0.1083	0.0530	0.2504
Time	902	0.4701	0.4994	0	0	1.0000
Brbe	902	0.6475	0.4780	0	1.0000	1.0000
Intv	902	0.4823	0.5000	0	0	1.0000
Strength	902	7.3717	1.0229	4.8203	7.4599	10.6442
Last	902	2.9933	2.2408	1.0000	2.0000	13.0000
Size	902	22.2389	1.2320	19.9502	22.0629	25.3292
Liqu	902	0.6417	0.1776	0.1887	0.6695	0.9537
Grow	902	0.4270	1.3156	-0.6885	0.1942	9.1926
Lev	902	0.4109	0.2145	0.0552	0.4003	0.8342
Top	902	30.4586	13.0694	7.4513	27.8214	68.9907

（二）相关系数分析

表 2 - 6 列示了各变量的 Pearson 系数。绝大多数变量的 Pearson 系数绝对值小于 0.5 的，初步表明各个变量之间不存在严重的多重共线性问题。公司贿赂类型 Brbe 和 ROA 在 1% 的水平上显著负相关，初步验证了假设 H2 - 4。

表 2 - 6 　　　　　　　　　　　　变量 Person 相关系数

	ROA	Brbe	Intv	Time	Strength	Last
ROA	1	—	—	—	—	—
Brbe	- 0. 230 ***	1	—	—	—	—
Intv	- 0. 136 ***	0. 369 ***	1	—	—	—
Time	- 0. 051	- 0. 03	- 0. 051	1	—	—
Strength	0. 085 **	- 0. 142 ***	0. 026	- 0. 017	1	—
Last	0. 144 ***	- 0. 005	- 0. 112 ***	- 0. 005	- 0. 012	1
Size	0. 048	0. 272 ***	0. 142 ***	0. 176 ***	0. 041	0. 212 ***
Liqu	0. 163 ***	0. 118 ***	- 0. 011	- 0. 125 ***	- 0. 058 *	0. 083 **
Grow	0. 031	0. 019	- 0. 019	0. 021	0. 021	- 0. 04
Lev	- 0. 278 ***	0. 356 ***	0. 134 ***	0. 004	0. 011	0. 145 ***
Top	0. 03	0. 051	- 0. 134 ***	- 0. 106 ***	0. 102 ***	0. 074 **
	Size	Liqu	Grow	Lev	Top1	—
Size	1	—	—	—	—	—
Liqu	- 0. 008	1	—	—	—	—
Grow	0. 002	- 0. 004	1	—	—	—
Lev	0. 573 ***	0. 101 ***	0. 126 ***	1	—	—
Top1	0. 095 ***	- 0. 051	0. 107 ***	0. 044	1	—

注: *** 、 ** 、 * 分别代表在 1% 、5% 、10% 的统计水平下显著。

(三) 多元回归结果

将媒体报道后的 ROA 值作为被解释变量, 媒体报道时间和媒体报道类型作为解释变量进行回归, 结果如表 2 - 7 所示。模型 (2 - 1) 发现媒体报道时间 Time 与 ROA 的系数显著负相关, 验证了假设 H2 - 2, 媒体报道公司贿赂行为后长期内公司绩效降低。模型 (2 - 2) 检验贿赂类型是否影响媒体报道后的公司绩效。结果显示, 贿赂类型和报道时间的交乘项 Brbe × Time 在 5% 水平上显著负相关, 验证了假设 H2 - 4, 即在长期内企业进行官商贿赂的媒体报道对公司长期绩效的影响更显著。

表 2 - 7 假设 H2 - 2 和假设 H2 - 4 的检验结果

变量	(1)	(2)
	ROA	ROA
Time	- 0. 0170 ***	- 0. 00195
	(- 4. 43)	(- 0. 29)
Brbe	—	- 0. 00878
		(- 1. 39)
Brbe × Time	—	- 0. 0234 **
		(- 3. 08)
Intv	- 0. 00585	0. 00133
	(- 1. 36)	(0. 28)
Strength	0. 00370	0. 00215
	(1. 96)	(1. 11)
Last	0. 00349 ***	0. 00322 **
	(3. 56)	(3. 26)
Size	0. 0205 ***	0. 0205 ***
	(9. 53)	(9. 76)
Liqu	0. 0582 ***	0. 0590 ***
	(5. 33)	(5. 48)
Grow	0. 00627 **	0. 00579 **
	(3. 27)	(3. 03)
Lev	- 0. 142 ***	- 0. 128 ***
	(- 11. 44)	(- 10. 40)
Top1	- 0. 0003 *	- 0. 0003
	(- 2. 06)	(- 1. 43)
常数项	- 0. 363 ***	- 0. 380 ***
	(- 8. 24)	(- 8. 87)
行业	控制	控制
年度	控制	控制
样本量	902	902
调整的 R^2	0. 312	0. 332
F 值	21. 74	22. 76

注：*** 、** 、* 分别代表在 1% 、5% 、10% 的统计水平下显著。

第四节 稳健性检验

本书首先改变 Time 的度量，将媒体报道时间缩小到前后两年进行回归。其次将 ROA 替换成 ROE 重新检验假设 H2 - 2 和假设 H2 - 4。得出结果如表 2 - 8 所示。结果显示，改变 Time 度量和公司绩效度量不影响研究结论，媒体报道公司贿赂后长期绩效会下降，官商贿赂的公司对 Brbe 和 Time 之间的关系有增量调节作用。

表 2 - 8　　　　　　假设 H2 - 2 和假设 H2 - 4 的稳健性检验

变量	(1) ROA	(2) ROA	(3) ROE	(4) ROE
Time	-0.0142 ** (-3.28)	-0.0028 (-0.41)	-0.0341 *** (-5.27)	-0.0153 (-1.67)
Brbe	—	-0.0120 (-1.70)	—	-0.0104 (-1.06)
Brbe × Time	—	-0.0174 * (-2.06)	—	-0.0293 * (-2.53)
Intv	-0.0090 (-1.71)	-0.0014 (-0.24)	-0.0132 (-1.77)	-0.0043 (-0.49)
Strength	0.0030 (1.34)	0.0015 (0.66)	0.0062 (1.80)	0.0043 (1.22)
Last	0.0040 *** (3.36)	0.0037 *** (3.48)	0.0058 *** (3.41)	0.0055 ** (3.23)
Size	0.0217 *** (8.46)	0.0218 *** (9.43)	0.0283 *** (7.86)	0.0283 *** (7.98)
Liqu	0.0720 *** (5.48)	0.0716 *** (5.46)	0.0875 *** (4.40)	0.0870 *** (4.40)
Grow	0.0078 *** (3.51)	0.0076 *** (4.71)	0.0088 ** (2.80)	0.0082 ** (2.65)

续表

变量	（1）ROA	（2）ROA	（3）ROE	（4）ROE
Lev	−0.151 *** （−10.35）	−0.138 *** （−9.88）	−0.0717 ** （−3.28）	−0.0556 * （−2.57）
Top1	−0.0004 * （−2.32）	−0.0003 （−1.79）	−0.0004 （−1.44）	−0.0003 （−0.95）
常数项	−0.388 *** （−5.86）	−0.416 *** （−6.60）	−0.541 *** （−6.44）	−0.628 *** （−6.70）
行业	控制	控制	控制	控制
年度	控制	控制	控制	控制
样本量	629	629	902	902
调整的 R^2	0.362	0.378	0.315	0.325
F 值	19.76	15.16	26.27	27.31

注：*** 、** 、* 分别代表在1%、5%、10%的统计水平下显著。

本书对样本公司按照贿赂类型进行分组回归，结果如表2-9所示。可以看到，官商贿赂的样本公司 ROA 在媒体报道后下降显著，Time 和 ROA 之间显著为负。但是，商商贿赂样本公司 Time 和 ROA 之间的系数虽然为负但不显著。因此，再次验证了假设 H2-4，官商贿赂的公司媒体报道后经营绩效下降更显著。

表2-9 　　　　　　　　模型（2-5）按照贿赂类型分组检验

变量	官商贿赂 ROA	商商贿赂 ROA
Time	−0.0219 *** （−5.36）	−0.0084 （−1.33）
Intv	−0.0013 （−0.28）	−0.0107 （−0.84）
Strength	0.0049 * （2.06）	0.0032 （0.88）
Last	0.0041 ** （3.22）	−0.0002 （−0.09）

变量	官商贿赂	商商贿赂
	ROA	ROA
Size	0.0114 ***	0.0350 ***
	(5.36)	(8.65)
Liqu	0.0213	0.144 ***
	(1.46)	(7.97)
Grow	0.0046 **	0.0096
	(2.73)	(1.69)
Lev	− 0.0896 ***	− 0.151 ***
	(− 6.61)	(− 6.16)
Top1	− 0.0001	− 0.0006
	(− 0.50)	(− 1.62)
常数项	− 0.139 *	− 0.759 ***
	(− 2.44)	(− 7.23)
行业	控制	控制
年度	控制	控制
样本量	584	318
调整的 R^2	0.296	0.455
F 值	19.24	22.82

注: *** 、 ** 、 * 分别代表在 1%、5%、10% 的统计水平下显著。

　　通常而言，当有关公司贿赂的负面报道损害了公司价值时，公司应该采取行动改进内部治理，加强合规性建设以挽回负面影响。例如，西门子因为商业贿赂事件，在 2008 年底被美、德两国政府罚款 13.4 亿美元。由此西门子公司吸取教训，花费重金重建合规系统，全公司上下培训合规理念，对全球所有大型项目批复增加合规风险评估。西门子公司的努力使得其声誉损失逐步挽回，获得了美国司法部的高度评价，其在中国的业务不降反升，公司实现了全面复兴。可见，如果被报道商业贿赂的公司积极改善公司治理，加强贿赂舞弊的内部控制，其经营业绩在长期内就不会受到大的冲击。然而，本书发现媒体报道公司贿赂行为在长期内对公司的经营绩效影响显著为负，由此推测本书的样本公司可能在贿赂报道后并没有做"亡羊补牢"的补救措施。鉴于商业贿赂是一种职务舞弊行为，内部控制有责任防范和监督舞弊行为，而且内部控制与上市公司的经营绩效正相关（白默和李海英，2017），本书由此检验了样本公司在商业贿赂报道前后的内部控制质量变化，以找出贿赂公司长期经营绩效下降的可能原因。如模型（2-6）所示，从迪博数据库收集了公司内部控制指数作为因变量，表示为 IC，其余变量定义同前文。如果媒体报道公司贿赂后，公司的内部控制由改善，预期 Time 和 IC 的回归系数显著为正，反之显著为负。此外，如果不同贿赂类型公司的内部控制质量在报道前后有差异，Brbe × Time 的交乘项系数在统计学上也会显著。回归结果如表 2-10 所示。

$$IC = \alpha_0 + \alpha_1 Time + \alpha_2 Brbe + \alpha_3 Time \times Brbe + \alpha_4 Size + \alpha_5 Liqu$$

$$+ \alpha_6 Grow + \alpha_7 Lev + \alpha_8 Inv + \alpha_9 \sum Ind + \alpha_{10} \sum Year + \varepsilon \quad (2-6)$$

我们预期在贿赂报道前后，变量 Time 的系数显著为负。回归结果如表 2-10 所示。

表 2-10　　　　　　　媒体报道公司贿赂后内部控制的检验结果

变量	(1)	(2)
	IC	IC
Time	-0.0400 ***	-0.0502 ***
	(-5.60)	(-4.29)
Brbe	—	-0.0488 ***
		(-4.17)
Brbe × Time	—	0.0143
		(1.03)
Size	0.0411 ***	0.0426 ***
	(10.08)	(10.60)
Liqu	0.0854 ***	0.0780 ***
	(3.73)	(3.46)
Grow	0.00605 *	0.00539 *
	(2.46)	(2.22)
Lev	-0.0664 *	-0.0548 *
	(-2.41)	(-2.01)

续表

变量	(1)	(2)
	IC	IC
Inv	− 0. 0769 *	− 0. 0493
	(− 2. 56)	(− 1. 70)
常数项	5. 634 ***	5. 588 ***
	(54. 13)	(53. 31)
行业	控制	控制
年度	控制	控制
样本量	871	871
调整 R^2	0. 282	0. 303
F 值	148. 9	191. 4

注: *** 、 * 分别代表在 1% 、10% 的统计水平下显著。

由回归结果可见,模型 (2 – 1) 中媒体报道时间 Time 与 IC 的系数显著负相关,说明媒体报道公司贿赂后企业的内部控制水平非但没有改进而且有显著降低,即样本公司并不会因为被媒体报道而加强防弊治理和合规性建设。模型 (2 – 2) 检验贿赂类型是否影响媒体报道后的内部控制质量。结果显示,贿赂类型和报道时间的交乘项 Brbe × Time 与内部控制质量有正向关系,但并不显著,可能是存在官商贿赂的企业迫于市场以及监管机构的压力进行了一定程度的改进,但改进程度有限。总之,官商贿赂类型的企业经营绩效下降如此显著,既可能是因为企业改进的程度不够,也可能是目前环境下市场上的投资者以及企业利益相关者对官商贿赂的容忍程度低,一旦企业被曝光了这种行为,很难再获得市场的信任,并且人们对于企业的补救措施也并不买账,进而使企业的经营陷入困境。

第五节　本章小结

本书以 2003 ~ 2017 年贿赂行为被媒体报道的民营 A 股上市公司为研究样本,运用网页采集工具八爪鱼软件收集了相关公司的贿赂报道数据,结合其财务数据，对媒体报道公司贿赂行为后产生的市场反应和对公司经营绩效的影响展开研究。通过理论分析和实证检验，本书得出两方面结论：一方面，贿赂行为被媒体报道的公司在资本市场中有负面的反应，股价有一定程度的下跌；另一方面，进行官商贿赂的企业，媒体报道后产生的负面影响更显著。进一步发现，媒体报道公司贿赂后，公司的内部控制也没有做相应改进。

这一结果表明公司贿赂行为的曝光会给公司带来负面影响，媒体报道在公司贿赂的外部治理和监管方面具有一定作用。官商贿赂被媒体报道后对于企业影响更负面，从而表明政府加大对公司贿赂行为的打击力度、媒体强化对企业社会责任的关注监督，负面影响了公司的市值和绩效，具有惩戒性的后果。然而，公司在媒体报道贿赂行为后并没有改进内部控制，表明媒体报道对公司的治理效应较为有限。没有巨额罚款，也没有监管部门严令加强内部控制建设，媒体报道还不足以引起公司对贿赂行为加强内部治理。但是公司为其怠慢行为付出了代价，公司的长期经营绩效显著下降。本书的研究结论具有如下启示意义：第一，公司需增强商业伦理意识，遏制和远离贿赂行为，还要加强与媒体的沟通和交流，重视媒体报道公司贿赂行为所产生的负面影响，对公司的声誉风险和法律风险进行充分评估和严密防范；第二，商商贿赂相对于官商贿赂可能容易被忽视，随着反腐败的加强，官商贿赂数量在逐渐减少，政府、企业和媒体对商商贿赂应给予更多的关注，提高商商贿赂的风险成本，以更好地抑制打击各种商业贿赂行为；第三，政府应出台如美国《反海外腐败法》那样的"重典"来治理企业的商业贿赂行为，通过提高企业的违法成本以强化企业的合规意识，并且对有商业贿赂行为的公司应明确要求其改进内部控制，配合以必要的监督、检查、评价和惩罚机制，促进企业的合规建设。

第三章
商业贿赂与会计信息质量：反腐败视角

第一节　文献综述与假设的提出

商业贿赂可能伴生财务舞弊行为。美国的《反海外腐败法》对商业贿赂通常实行联合调查，一是对贿赂事实的认定；二是对企业会计报表造假的认定。这表明两者之间存在紧密联系。商业贿赂资金在账内一般会隐藏记入多个费用科目，这些费用项目金额的异常增加可能是公司进行商业贿赂的反映。除了掩饰商业贿赂行为本身存在的会计造假外，我们推测公司既然从事贿赂的违法行为，那么在其他合规性行为方面也可能有瑕疵，例如会计准则的遵循。而商业贿赂行为曝光后，我们预期公司的财务舞弊行为会减少，会计信息质量会有提高。其内在原因有：一是财务舞弊掩饰贿赂行为的动机消失；二是受到监管处罚负担高额成本而有所忌惮；三是社会公众的负面反应和媒体监督发挥了约束作用；四是公司吸取教训，内部加强了对财务信息的生成和披露监控。

如前所述，商业贿赂按照行贿对象分为官商贿赂和商商贿赂两种。相比商商贿赂，官商贿赂更能引起社会关注，对社会的危害性也更大。官商贿赂对于受贿官员来说，就是滥用公权力的腐败行为。腐败作为世界性的痼疾一直困扰着各国政府。2012 年党的十八大以来，党中央将腐败治理定位为国家治理体系的重要组成部分，并在全国上下积极开展各项反腐败工作，进行源头反腐。政府强化权力约束，加强反腐败的监管与执法力度，反腐工作达到前所未有的高度。作为宏观政策的一系列反腐败行动，会传导影响到企业的微观行为，表现之一是企业的会计信息质量变化。本书通过考察反腐败后企业会计信息质量的变化侧面验证商业贿赂对公司会计信息质量的影响。

一、反腐败对公司财务的影响

宏观经济政策与微观企业行为的互动结合研究已成为近几年来学术界研究的热点，党的十八大之后反腐败政策的频繁颁布又为研究提供了一个绝佳契机。学者们立足于此，从不同视角进行反腐败对企业微观行为乃至经济影响的研究。以 2013 年反腐败力度加大后的文献来看，党力等（2015）认为，高强度的反腐败增加了企业谋求政治关联的相对成本，提高了企业的创新激励。研究发现，具有政治关联的企业在反腐败政策出台后研发支出显著增加，且产权性质和省级层面反腐强度对企业创新具有异质性。王茂斌和孔东民（2016）运用准自然实验方法，以党的十八大以来的反腐政策作为外生政策事件，发现党的十八大召开后高腐败地区企业现金持有的市场价值明显增加，高管薪酬业绩敏感性显著提高，会计信息质量也得到提升，盈余管理的情况显著减少，并且这些改变主要集中于非国有企业。梅洁和葛洋（2016）同样将 2012 年底颁布的反腐败政策作为影响在职消费的政策冲击，利用双重差分法证明了该政策有效遏制了国企管理层在职消费的绝对量和对主营业务收入的侵占。

二、经济政策对企业会计信息质量的影响

宏观经济政策包括但不限于经济周期、财政政策、货币政策、信贷政策、汇率政策、经济管制政策、产业政策等（姜国华、饶品贵，2011）。以货币政

策为例，货币政策对微观主体的影响主要通过利率传导和信贷传导机制进行。企业会在货币政策紧缩阶段选择通过稳健的会计信息以降低应税所得（Guenther et al.，1997；Shackelford et al.，2001），向银行传递自身可靠的盈利能力和偿还能力信号以增加其获得贷款的可能性（饶品贵、姜国华，2011）。李连军和戴经纬（2016）在研究货币政策对会计稳健性的影响时加入了产权性质，研究发现，紧缩的货币政策加剧了融资约束，并且在非国有企业表现得更加明显，而稳健的会计信息能够缓解这种约束。汪猛和徐经长（2015）发现货币政策紧缩期间企业资产减值准备增加，但主要是流动资产减值，且这种增加与盈余管理动机无关，但流动资产的大量转回与盈余管理动机显著正相关。

三、反腐败对企业会计信息质量的影响

本书认为，反腐败政策对特定行业公司的会计信息质量可能会产生显著影响。原因之一是，当企业有商业贿赂行为时，通常会伴随财务欺诈，企业在账务处理上进行隐瞒和掩盖。反腐败打击了企业的商业贿赂行为，企业也就无须再通过财务造假隐瞒商业贿赂行为。原因之二是，进行商业贿赂行为的企业，也通常较为缺乏商业道德。如果企业有商业贿赂行为，也就很难相信这样的企业不会进行财务造假。所以对商业贿赂的治理也会起到"一石二鸟"的作用，企业的各种违法行为在这种高压态势下都会有所收敛。原因之三是，反腐败后企业的公司治理得到改善（王茂斌、孔东民，2016），而公司治理的改善也有助于提高会计信息质量。而且本书认为，反腐败对企业会计信息质量的提高具有不均衡性，那些曾经贿赂腐败较为猖獗的行业，其受到的政策冲击更大，对反腐败政策的实施更为敏感，会计信息质量的改进也会更为显著。因此，本书提出假设 H3 – 1。

H3 – 1：反腐败政策的颁布与执行使得敏感行业的会计信息质量得到提高。

第二节　研究设计

一、样市选取与数据来源

本书选取 2009 ~ 2015 年沪深两市 A 股上市公司作为研究样本，并且将 2012 年 12 月 "改进工作作风，密切联系群众" 的中央八项规定作为反腐败政策的起点，选择 2013 ~ 2015 年作为政策颁布后的时间窗口，2009 ~ 2012 年则为事件前的窗口。就敏感行业的选取，本书采用定性和定量两种方法结合进行。在定性上，本书广泛收集各种案例、文献和媒体报道，整理总结其中描述到对反腐败政策敏感的行业。例如，2014 年英国制药公司葛兰素史克（GSK）因在华商业贿赂而被罚 30 亿元人民币，成为迄今为止我国政府针对公司商业贿赂开出的最大罚单，证明了医药行业也非常容易滋生腐败。2015 年发布的《中国反商业贿赂蓝皮书》显示，商业贿赂最大风险行业主要集中在 "快消品与食品行业、房地产与建筑行业"。吴德军（2016）论述了煤电联动的政策背景致使火电企业面临不同政治成本，从而进行盈余管理，此项政策涉及煤炭与电力两大行业。房地产领域也极易滋生腐败，因政府行为影响巨大，从前期的土地审批、使用权获取到土地交付使用、工程项目的展开、监督与质量验收，再到最后的销售环节，都存在着权钱交易空间。与房地产行业相关的建筑业也频频被媒体爆出存在腐败。

在定量上，本书利用超额在职消费在反腐败政策前后的变化确定敏感行业。超额在职消费是定义腐败类型的方法之一，借鉴罗等（Luo et al.，2011）、牟韶红等（2016）、薛健等（2017）的方法，采用高管实际在职消费与经济因素决定的高管预期正常在职消费之间的差额衡量超额在职消费，用符号 Abperks 表示。其具体计算模型如下：

$$\frac{\text{Perk}_{i,t}}{A_{i,t-1}} = \alpha_0 + \alpha_1 \frac{1}{A_{i,t-1}} + \alpha_2 \frac{\Delta \text{Sales}_{i,t}}{A_{i,t-1}} + \alpha_3 \frac{\text{PPE}_{i,t}}{A_{i,t-1}} + \alpha_4 \frac{\text{Invety}_{i,t}}{A_{i,t-1}} \alpha_5 \ln \text{Emplyee}_{i,t} + \varepsilon_{i,t}$$

$$(3-1)$$

其中，$Perk_{i,t}$ 是 i 公司第 t 年管理费用中扣除员工费用、董事、高管以及监事会成员薪酬、固定资产折旧以及无形资产摊销、研发支出、税费等明显不属于在职消费的余额；$A_{i,t-1}$ 是 i 公司第 t 年初总资产；$\Delta Sales_{i,t}$ 是 i 公司第 t 年主营业务收入变化；$PPE_{i,t}$ 是 i 公司第 t 年末固定资产原值；$Invety$ 是 i 公司第 t 年的存货总额；$lnEmplyee$ 是 i 公司第 t 年员工人数的自然对数。利用模型对样本进行分行业、分年度的回归，所得到的残差即是超额在职消费。

需要注意的是，以往文献计算出超额在职消费后，普遍将其作为变量，而本书中只是利用其寻找敏感行业。换句话说，本书中并非将超额在职消费作为因变量或自变量，而是利用其在反腐败政策颁布前后的变化，定量地选取敏感行业。具体做法是，在分行业进行模型（3-1）的回归得出超额在职消费后，求取行业超额在职消费平均数，再将样本期最后一年的超额在职消费平均数与样本期第一年的超额在职消费平均数相减，若反腐败政策的颁布对某些行业存在影响，其差值应为负数。依照此方法，根据超额在职消费的差值从小到大依次排列，可以得到表3-1。从表3-1中可以看出，以往文献所提到的行业超额在职消费差值绝大多数为负值，可以在一定程度上认为其对于反腐败政策的实施有较强的敏感性。特别地，本书并没有完全依照超额在职消费差额数值确定敏感行业，原因有如下两点：一是定量判断由于在数据收集、模型计算等统计方法上存在系统误差，导致求出数据并不能完全、彻底地反映该行业的敏感程度；二是可能存在其他因素导致某行业超额在职消费发生重大变化，若单纯以差值大小直接衡量反腐败政策影响未免有失偏颇。

表 3-1　　　　　　各行业反腐败前后超额在职消费差额

行业代码	行业名称	超额在职消费差额
I	信息传输、软件和信息技术服务业	-0.0008547
D	电力、热力、燃气及水生产和供应业	-0.0006716
E	建筑业	-0.0005141
C39	计算机、通信和其他电子设备制造业	-0.0001595
C38	电气机械和器材制造业	-0.0000942

续表

行业代码	行业名称	超额在职消费差额
C27	医药制造业	-0.000034
C36	汽车制造业	-0.00000481
C14	食品制造业	-0.0000000064
C28	化学纤维制造业	-0.0000000353
C30	非金属矿物制品业	-0.0000000182
C32	有色金属冶炼和压延加工业	-0.00000000151
S	综合	-0.00000000139
C34	通用设备制造业	-0.00000000081
C13	农副食品加工业	-0.000000000786
N	水利、环境和公共设施管理业	-0.000000000512
C15	酒、饮料和精制茶制造业	-0.000000000308
C17	纺织业	-0.000000000258
K	房地产业	-0.000000000198
C33	金属制品业	0.00000000561
C31	黑色金属冶炼和压延加工业	0.0000000189
C37	运输设备制造业	0.0000471
A	农、林、牧、渔业	0.000049
G	交通运输、仓储和邮政业	0.0001416
C35	专用设备制造业	0.0001443
L	租赁和商务服务业	0.0001501
B	采矿业	0.0001513
F	批发和零售业	0.000225
C22	造纸和纸制品业	0.0002484
C26	化学原料和化学制品制造业	0.0003821
R	文化、体育和娱乐业	0.0004774

资料来源：作者绘制（除门类代码 C 的制造业区分大类，其他行业均以门类进行统计）。

综合定量和定性两种方法，本书优先考虑有文献支持的以及超额在职消费差额比较大的行业，最终确定信息传输、软件和信息技术服务业（行业代码 I），电力、热力、燃气及水生产和供应业（行业代码 D），建筑业（行业代码 E），医药制造业（行业代码 C27），食品制造业（行业代码 C14），酒、饮料和精制茶制造业（行业代码 C15），房地产业（行业代码 K）等七个行业作为反腐败政策敏感行业。

二、模型构建

本书将反腐败政策的颁布看作一个外部政策冲击，采用双重差分法（difference-in-difference-method，DID）研究反腐败政策的颁布对敏感行业会计信息质量的影响。这一模型基于自然实验，可以分别比较实验组与对照组受特定政策影响前后的变化，即如果特定政策确实产生了一定影响，那么实验组和对照组必在政策冲击之后产生一定的变化。具体到本书研究中，在政策执行方面，将 2009～2012 年划分为事件前的窗口，2013～2015 年作为政策颁布后的时间窗口；在特定行业方面，将本书中定义的七个敏感行业作为实验组，其他行业作为对照组。为了避免政策执行作为解释变量存在内生性问题，同时排除其他干扰因素有效识别反腐败政策对企业会计信息质量的影响，本书在进行 DID 模型前采用倾向评分匹配（propensity score matching，PSM）方法对样本先进行处理，即采用了倾向得分匹配的双重差分（PSM - DID）分析方法。为了验证反腐败政策对敏感行业的会计信息质量的影响，本书选取应计盈余管理和真实活动盈余管理度量会计信息质量，借鉴王茂斌等（2015）、吴德军等（2016）研究，构建以下模型检验相关假设：

$$DA/RM = \alpha_0 + \alpha_1 Post_i + \alpha_2 Nature_{i,t} + \alpha_3 Post_i \times Nature_{i,t} \sum_i \alpha_k Cntrol_{i,t,k} + \varepsilon_{i,t}$$

$$(3-2)$$

本书采用应计项目盈余管理和真实活动盈余管理度量会计信息质量。对于应计盈余管理首先使用修正的琼斯模型即模型（3-3）进行分行业分年度回归；其次将回归系数代入模型（3-4）估算非操纵性应计利润 $NDA_{i,t}$；最后通过模型（3-5）计算可操控应计 $DA_{i,t}$，即：

$$\frac{TA_{i,t}}{A_{i,t-1}} = \alpha_0 \frac{1}{A_{i,t-1}} + \alpha_1 \frac{\Delta REV_{i,t}}{A_{i,t-1}} + \alpha_2 \frac{PPE_{i,t}}{A_{i,t-1}} + \varepsilon_{i,t} \qquad (3-3)$$

$$NDA_{i,t} = \alpha_0 \frac{1}{A_{i,t-1}} + \alpha_1 \frac{\Delta REV_{i,t} - \Delta REC_{i,t}}{A_{i,t-1}} + \alpha_2 \frac{PPE_{i,t}}{A_{i,t-1}} \qquad (3-4)$$

$$DA_{i,t} = \frac{TA_{i,t}}{A_{i,t-1}} - DNA_{i,t} \qquad (3-5)$$

其中，$NDA_{i,t}$是非操纵性应计利润；$\Delta REV_{i,t}$是 i 公司第 t 年营业收入变化；$\Delta REC_{i,t}$是第 t 年应收账款变化；$A_{i,t-1}$是第 t 年初总资产；$PPE_{i,t}$是第 t 年末固定资产原值；$TA_{i,t}$是总应计利润。

对于真实活动盈余管理，参考罗伊乔杜里（Roychowdhury，2006）的方法，分别用异常经营活动现金流（ACFO）、异常生产成本（APROAD）和异常费用（ADE）来衡量。首先分行业分年度运用 OLS 法估计模型（3-6）～模型（3-8）各变量回归系数；其次将系数回代到模型（3-6）～模型（3-8）中，计算各行业年度样本的回归值，用实际值减去回归值得到异常值。其中，$CFO_{i,t}$为企业经营活动现金流量；$REV_{i,t}$是企业第 t 年营业收入；$REV_{i,t-1}$是企业第 t-1 年的营业收入；$PROD_{i,t}$是企业生产操控；$DE_{i,t}$是企业可操控费用，其他变量与之前模型一致。由于不同的真实活动盈余管理活动之间可能存在一定的抵消，本书借鉴科恩等（Cohen et al.，2008）、卢太平等（2014）的做法，构建综合指标 RM 表示真实活动盈余管理，如模型（3-9）所示，即：

$$\frac{CFO_{i,t}}{A_{i,t-1}} = \alpha_0 \frac{1}{A_{i,t-1}} + \alpha_1 \frac{REV_{i,t}}{A_{i,t-1}} + \alpha_2 \frac{\Delta REV_{i,t}}{A_{i,t-1}} + \varepsilon_{i,t} \qquad (3-6)$$

$$\frac{PROD_{i,t}}{A_{i,t-1}} = \alpha_0 \frac{1}{A_{i,t-1}} + \alpha_1 \frac{REV_{i,t}}{A_{i,t-1}} + \alpha_2 \frac{\Delta REV_{i,t}}{A_{i,t-1}} + \alpha_3 \frac{\Delta REV_{i,t-1}}{A_{i,t-1}} + \varepsilon_{i,t} \qquad (3-7)$$

$$\frac{RE_{i,t}}{A_{i,t-1}} = \alpha_0 \frac{1}{A_{i,t-1}} + \alpha_1 \frac{REV_{i,t-1}}{A_{i,t-1}} + \varepsilon_{i,t} \qquad (3-8)$$

$$RM = |APROAD - (ADE + ACFO)| \qquad (3-9)$$

三、变量定义

本书模型（3-2）中的变量定义如表 3-2 所示。除了因变量和自变量外，参考我国会计信息质量的相关研究（刘启亮等，2013；施屹舟、范黎波，2017），本书还控制了企业绩效、内部控制质量、企业规模、财务杠杆、企业成长性、市账比、第一大股东持股和国民生产总值增长。国民生产总值数据来源于国家统计局网站，内部控制质量数据来源于迪博数据库，其他变量数据来源于 CSMAR 数据库。在初始样本的基础之上，本书进行了进一步的筛选工作，具体有：（1）考虑金融行业环境的特殊性，剔除金融类行业上市公司；（2）剔除 ST、*ST 上市公司；（3）为保证研究的连续性，剔除财务数据不满足 2009～2015 年共计 7 年的上市公司（由于计算需要，在实际过程中用到了部分 2008 年的财务数据）；（4）盈余管理的计算需要分行业进行回归。在行业分类上，本书依照证监会 2012 年颁布的《上市公司行业分类指引》。在对行业的处理中，由于行业分类回归对行业包含样本公司的数量存在要求，因此剔除了公司数目总数小于 15 的行业，同时，从研究的目的性出发，除了门类代码为 C 的制造业，其他行业均不区分大类而直接以门类进行统计、回归。模型（3-5）为了控制样本公司中极端值的影响，对于所分析的所有连续变量均进行了 1% 的缩尾处理。经过数据的整理与筛选，最终样本量为 8775 个。

表 3-2 变量符号及定义

变量类型	变量符号	变量描述	变量定义
因变量	DA	应计盈余管理	可操纵应计的绝对值
	RM	真实活动盈余管理	具体计算见模型（3-9）
自变量	Post	政策执行虚拟变量	2013～2015 年为 1，2009～2012 年为 0
	Nature	敏感行业虚拟变量	敏感行业记为 1，否则记为 0
控制变量	ROA	企业绩效	资产收益率
	IC	内部控制质量	迪博公司发布的内部控制信息披露指数取百分数
	Size	企业规模	企业年末总资产的自然对数
	Lev	企业财务杠杆	企业年末总负债除以总资产
	Growth	企业成长性	总资产增长率
	MB	账面市账比	公司期末总资产市值除以账面价值
	First	第一大股东持股	企业第一大股东持股比例
	rGDP	国内生产总值（GDP）增长率	GDP 变化值除上期 GDP

第三节　实证结果分析

一、描述性统计

在充分掌握敏感行业分布及会计信息质量变化后，表3－3列示出了全样本主要变量的描述性统计结果。由表3－3可知，应计盈余管理的均值为0.0694，中位数为0.0464，而真实活动盈余管理的均值和中位数分别为0.1262和0.0896，可见真实活动盈余管理的水平要高于应计盈余管理，两者的最大最小值相差较大，表明不同企业进行盈余管理程度差距明显。真实活动盈余管理的标准差相较于应计盈余管理更大，说明样本企业真实活动盈余管理差别更甚。其他变量中ROA最小值为负，表明样本中存在亏损企业。IC在原有数值经过百分化处理后均值与中位数分别为6.4801与6.7987，总体分布呈右偏状态，表明内部控制超平均的企业更多，最大最小值的巨大差距表明了企业间内部控制质量差别很大。此外，企业规模、第一大股东持股、董事会规模、市账比的标准差都大于1，表明企业特征在个体之中显现较大差异。

表3－3　　　　　　　　　　　描述性统计

变量	样本	均值	标准差	中位数	最小值	最大值
DA	8775	0.0694	0.0732	0.0464	0	0.4028
RM	8775	0.1262	0.1237	0.0896	0.0014	0.6073
Post	8775	0.4292	0.4950	0	0	1.0000
Nature	8775	0.2962	0.4566	0	0	1.0000
Roa	8775	0.0429	0.0664	0.0372	−0.2223	0.2578
IC	8775	6.4801	1.5434	6.7987	0	9.9536
Size	8775	22.0015	1.3648	22.0015	18.9740	26.9495
Lev	8775	0.5342	0.4341	0.5194	−0.1947	13.7114
Growth	8775	0.0467	0.3250	0.0848	−1.6132	0.8249

变量	样本	均值	标准差	中位数	最小值	最大值
MB	8775	3.1960	100.2562	2.9031	-7315.857	1646.3920
First	8775	35.3591	15.6112	33.3016	0.2863	89.4086
rGDP	8775	0.1033	0.0341	0.0922	0.0654	0.1559

二、会计信息质量的变动趋势

本书探究反腐败政策对企业会计信息质量的影响,以应计盈余管理与真实活动盈余管理衡量会计信息质量,因此,在得到盈余管理数据后,便能够直观地看出会计信息质量在反腐败政策前后的变化情况。在计算出整个样本期间每年两种盈余管理的平均值后,利用 Stata14.0 软件绘制了图 3 - 1 和图 3 - 2。

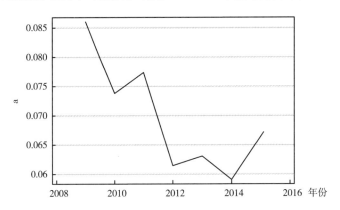

图 3 - 1　样本期应计盈余管理变化

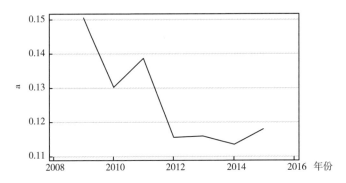

图 3 - 2　样本期真实活动盈余管理变化

图 3 - 1 描绘的是 2009 ~ 2015 年所有样本的应计盈余管理均值，横坐标为年份，纵坐标为每年应计盈余管理平均值。由图 3 - 1 可以看到，2013 年后的应计盈余管理明显小于 2013 年之前，虽然在 2015 年存在些许反弹，但总体呈下降趋势。应计盈余管理在 2011 年呈断崖式的下降，虽然并不在本书认定的节点 2013 年，但可以在一定程度上认为这是由于企业对未来政策存在一定预期导致的。

图 3 - 2 描绘的是 2009 ~ 2015 年所有样本的真实活动盈余管理均值，横坐标为年份，纵坐标为每年真实活动盈余管理平均值。由图 3 - 3 可知，与应计盈余管理相同，2013 年后的数据明显要小于 2013 年之前。党的十八大是在 2012 年召开的，而企业的财务数据统一在年末给出，因此，在时间选取上我们更倾向于以 2013 年作为政策开始时间，但实际上企业可能对政治事件更为敏感，从预见性的角度出发调整盈余管理水平，从这方面来说，可以解释 2012 年真实活动盈余管理下降幅度最快这一现象。

三、倾向得分匹配（PSM）

PSM - DID 分两步进行，首先是倾向得分匹配；其次是双重差分估计。倾向得分匹配方法以匹配估计量为基础，匹配估计量是指通过观察对比样本的一些可以观测的特征变量 X（协变量）找到估计处理效应的方法，以本书为例，确定敏感行业的某一企业 i 后，找到非敏感行业的某一企业 j，使得企业 i 与企业 j 的协变量尽可能地相似（匹配），这样便能够在一定程度上消除非反腐败政策因素带来的影响。本书将超额在职消费（Abperk）、企业规模（Size）、企业财务杠杆（Lev）、市值账面比（MB）、第一大股东持股比例（First）、董事会人数（Board）六种可观测变量作为协变量，对实验组（敏感行业）与对照组（非敏感行业）进行匹配，协变量的数值时期为样本起始的 2009 年与结束的 2015 年。PSM 需要实验组与对照组的倾向得分有较大的共同取值范围，否则将丢失较多的观测值，影响样本的代表性。经过 PSM 后，利用 Stata14.0 软件得到了图 3 - 3，On support 与 Off support 表示的是样本是否在共同取值范围内。由图 3 - 3 可知，实验组和对照组的倾向得分有较大的共同取值范围。

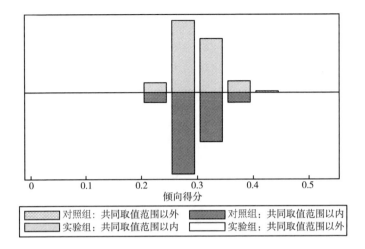

图 3 - 3   倾向得分匹配后样本共同取值范围

表 3 - 4 显示了经匹配后协变量的标准化偏差（% bias）。从表 3 - 4 中可以看出，匹配后实验组与对照组平均值差距明显缩小,% bias 值也显著减小，尤其是企业规模（Size）的标准化偏差从 14.8 下降到 7.4。经过倾向得分后，代表企业性质差异的协变量已经非常相似。

表 3 -4   匹配后协变量变化

变量		平均值		% bias	V(T)/V(C)
		实验组	对照组		
Abperks	匹配前	- 0. 0001	- 0. 0002	0. 4	1. 06
	匹配后	- 0. 0001	0. 0003	- 1. 5	1. 06
Size	匹配前	22. 2650	22. 0580	14. 8	1. 09
	匹配后	22. 2660	22. 1620	7. 4	1. 21 *
Lev	匹配前	0. 5425	0. 5192	5. 4	1. 39 *
	匹配后	0. 5419	0. 5191	5. 3	2. 75 *
MB	匹配前	5. 8329	- 1. 6309	4. 9	0. 02 *
	匹配后	4. 8831	6. 0156	- 0. 7	0. 10 *
First	匹配前	35. 1140	35. 1110	0	1. 12
	匹配后	35. 1480	34. 9150	1. 5	1. 12
Board	匹配前	9. 6083	9. 6342	- 1. 0	0. 97
	匹配后	9. 6065	9. 6193	- 0. 5	1. 00

四、模型回归结果

在进行了倾向得分匹配处理之后，本书对模型（3-2）进行双重差分检验。在采用固定效应法估计面板双重差分模型的情况下，由于政策虚拟变量 Nature 具有时间不变性，在做 DID 固定效应分析时，变量 Nature 会被自动删除，但并不会影响估计的结果以及估计的有效性。估计结果如表 3-5 所示。我们重点关注的是 Post × Nature 的系数，如果假设 H3-1 成立，预期交乘项的系数显著为负。表 3-5 显示，无论是否加入其他控制变量，Post × Nature 的符号与预期一致，且在 1% 的水平上显著，说明反腐败政策颁布后敏感行业的应计盈余管理和真实活动盈余管理水平都明显降低，验证了假设 H3-1。控制变量中，内部控制质量变量 IC 与应计盈余管理 DA 的回归系数显著为负，但与真实活动盈余管理的系数是不显著的正数。从而表明内部控制对企业应计盈余管理的抑制作用较强，但对真实活动盈余管理的抑制作用较弱。

表 3-5　　　　　　　　　　　　模型回归结果

变量	DA		RM	
	（1）	（2）	（3）	（4）
Post × Nature	-0.0104*** (-3.38)	-0.0110*** (-3.56)	-0.0167*** (-3.12)	-0.0172*** (-3.22)
Post	-0.0099*** (-5.87)	-0.0081*** (-3.59)	-0.0139*** (-4.76)	-0.0106*** (-2.71)
ROA	—	0.0770*** (4.73)	—	0.0539* (1.91)
IC	—	-0.0017*** (-2.62)	—	0.0017 (1.52)
Size	—	-0.0018 (-1.01)	—	-0.0049 (-1.53)
Growth	—	0.0130*** (5.18)	—	0.0204*** (4.67)

续表

变量	DA		RM	
	（1）	（2）	（3）	（4）
MB	—	0.0000 （0.20）	—	0.0000 ** （2.45）
First	—	0.0003 ** （2.50）	—	0.0006 ** （2.39）
Lev	—	0.0152 *** （6.18）	—	0.0139 *** （3.26）
rGDP	—	－0.0327 （－1.20）	—	－0.064 （－1.35）
常数项	0.0749 *** （81.09）	0.1050 *** （2.63）	0.1343 *** （83.93）	0.2053 *** 2.9652
样本量	8775	8775	8775	8775
R²	0.0126	0.0203	0.0001	0.0054
F 值	47.94	20.36	34.51	12.99

注：***、**、* 分别代表在1%、5%、10%的统计水平下显著，括号内数字为 t 值。

第四节　本章小结

2012 年党的十八大召开以后，高强度的反腐倡廉活动对于我国企业微观行为有着深刻影响。了解反腐政策对会计信息质量的影响结果、实现机制，对于宏观政策的评价与调整具有重要的意义。本书利用 2009～2015 年沪深两市 1311 家企业的财务数据，采用双重差分倾向匹配的实证方法，检验了政策效果。结果表明，反腐败政策的颁布有助于提高会计信息质量，且对敏感行业作用明显。本书的研究结果表明，作为政策的制定与实施者，政府机构应密切关注反腐败政策对企业各方面造成的影响。反腐行动使得企业无法通过贿赂从政府取得非竞争性优势，已形成的紊乱的资源配置方式得到优化，政府应重视这种制度建设带来的改变。对于企业而言，反腐败政策约束了公职人员的权力，抑制了政府的"掠夺之手"，避免了企业处于不利的制度环境中，有利于企业更好地披露自身会计信息。本书的不足之处在于没有对反腐败敏感行业会计信息质量提高的机制作出检验，对会计信息质量的度量也主要基于盈余管理，后续研究对此应予以完善。

第四章
税制改革、反腐败与企业税负

第一节 文献综述与研究假设提出

我国 2011~2016 年推行的"营改增"税制改革和 2017 年美国特朗普政府实施的税改法案，使得企业税负成为社会热议的话题之一。根据世界银行与普华永道联合发布的《世界纳税指数（2018）》（paying taxes 2018），2016年全球平均综合税率（total tax & contribution rate）为 41.6%，我国是67.3%。与企业税负过重的话题相呼应，近年来我国政府持续通过税制改革进行结构性减税。2012 年开始试点的"营改增"税制改革就是将服务业纳入增值税纳税范围从而促进服务业发展，并且制造业也因为服务购买有更多的进项税抵扣和较小的附加税而受益。除了税制改革这一直接影响企业税负的制度安排外，企业与政府的关系作为一种非正式制度安排也会对税负产生影响（Adhikari et al.，2006；冯延超，2012）。但是，政治关联对税收负担的影响有两面性，政治权力寻租可能使企业获得税收优惠，但也可能使企业受到更多的政府干预、承担更多政治成本而加重税负（巴曙松、朱伟豪，2017）。2012 年党的十八大召开以来我国加大了反腐败的力度，党的十九大报告中更是明确提出对腐败进行"重遏制、强高压、长震慑"的政策。反腐败政策势必会影响企业的政治生态环境，进而可能影响企业的税负。"营改增"税制改革和反腐败政策在实行时间上有重叠，但是目前鲜见有两者对企业税负共同影响的研究。为了全面考察制度环境对企业税负的影响机制，本书实证检验"营改增"税制改革与反腐败政策对企业税负的联动影响，其贡献在于相比以往研究单一制度变化对企业税负的影响，"营改增"税制改革与反腐败政策折射企业经济与政治制度环境同时变化，研究两者对企业税负的共同影响有助于更为全面地反映宏观制度环境对微观企业同一事项的不同影响路径，了解不同制度因素如何共同刻画了企业税负这一经济后果特征。本章的研究也可验证评估不同政策实施效果间的叠加影响，从而对今后监管政策的推行时机选择和配套制度实施有一定启示意义。

一、"营改增"税制改革与企业税负

我国推行"营改增"税制改革的目的是减税降负，然而学者们在研究"营改增"对企业税负影响方面存在不同的结论。曹越和李晶（2016）发现"营改增"对公司流转税税负并无显著影响。曹越等（2017）发现"营改增"后全国试点地区所得税负略有下降但不显著。田志伟和胡怡建（2013）通过构建中国税收的 CGE 模型认为，在短期内"营改增"通过税率设计等方式使得扩围行业税负平衡，在长期中部分行业仍然会出现税负上升的现象。倪红福等（2016）在测算税收负担投入产出价格模型中引入增值税抵扣机制，分析"营改增"的短期价格效应与收入分配效应，结果表明，在现有税收征收管理能力下，"营改增"总体上使所有行业的价格有所下降，减轻了企业的负担。宋丽颖等（2017）利用模型分析的结论则是，"营改增"推行初期会造成建筑业与房地产业税负增加，但是，随着"营改增"全面的稳定实施，将有效降低金融业、服务业、建筑业的税负。以特定行业为例，王珮等（2014）检验证明"营改增"的实施降低了交通运输业上市公司的税负；王玉兰和李雅坤（2014）、王新红和云佳（2014）的结论是"营改增"使交通运输业的税负有所增加；樊轶侠（2017）却发现"营改增"前后交通运输业实际税负变化不明显，税负前后基本持平。陈钊和王旸（2016）证实了"营改增"后混业经营企业税负并没有显著减少，但是"营改增"税制改革有利于促进专业化分工从而增加了企业价值。

"营改增"减税效应的影响因素主要有企业特征和税收制度两个方面。首先，就企业规模而言，"营改增"税制改革对小规模纳税人的减税效应更明显（董根泰，2016；Fang et al.，2017）；其次，由于增值税易于转嫁的性质，使得企业自身税负转嫁能力即与供应商和客户的议价能力越强，"营改增"政策效应越强（童锦治等，2015；乔睿蕾、陈良华，2017）；最后，"营改增"试点改革行业的税负变动受现行增值税抵扣制度和税率水平的共同影响（李梦娟，2013；洪诗晨，2015）。潘文轩（2013）认为，试点企业税负不减反增并非反常，适用增值税税率过高、企业中间投入率偏低、固定资产更新周期较长、改革试点范围有限、获得增值税发票困难是造成该现象的主要原因。方等（Fang et al.，2017）通过模型分析得出的结论是，中间投入率较高的企业因为有较多的抵扣项目使得流转税驱动的减税效应明显。范子英和彭飞（2017）认为，"营改增"的减税效应与产业互联度相关，产业互联度较低的行业没有可抵扣的进项税，因而其减税效应不明显，由此建议对产业互联度低的行业采用简易的征收办法进行征税。鉴于"营改增"税制改革现已全面完成，政策实施时间的延长使得政策落实更为稳定有效，企业的专业化分工和税负转嫁能力加强，"营改增"减税的积极效应会更为显著。据此，本书提出假设 H4 - 1。

H4 - 1："营改增"税制改革降低了试点行业的企业税负。

二、反腐败与企业税负

诸多文献检验了政治关联与企业税负之间的关系，而企业的政治关联交易极易成为构成腐败的违法行为，反腐败则严重打击了企业寻求政治关联的激励，提高了企业谋求政治关联的成本（党力等，2015）。因此，回顾政治关联与企业税负的相关研究有助于理解和推测反腐败对企业税负的影响。企业与政府的关系会影响税负的原因在于我国税务机关有巨大的税收"征管空间"，从而使得企业的名义税负和实际税负之间产生偏差（高培勇，2006）。

在税收征管执行过程中，税务机关具有一定的行政自由裁量权与执法灵活性。因此，地方政府能够变通执行税负征收权力，使得政治关联会对企业实际税负产生影响。

政治关联对企业税负的影响主要有"政治权力假设"和"政治成本假设"两种观点（巴曙松、朱伟豪，2017），类似的表达也称作"收益观"与"风险观"（李维安等，2010）。"政治权力假设"或"收益观"认为，企业被动或主动进行权力寻租，通过政治关联增强其与政府的议价能力，以获取税收优惠待遇或促使政府放松税收征管力度从而降低税负。阿迪卡里等（Adhikari et al.，2006）以马来西亚公司为例，发现有政治关联的公司其实际税率显著低于其他公司。吴文锋等（2009）证实我国公司高管的政府背景能给企业带来税收优惠。明尼克和诺佳（Minnick and Noga，2017）检验了标准普尔500公司的政治费用与公司税收优惠的关系，发现公司投入政治费用能够减少公司税负，而且持续的政治投入可以获得更多的税收减免。此外，有政治关联的公司因为有较低的税收规避成本、较低的资本市场透明度压力，以及对税法及执法变化有更多的信息来源等因素，"有恃无恐"地实施更为积极的避税政策，从而降低了企业实际税负（罗党论、魏翥，2012；李维安、徐业坤，2013；Kim and Zhang，2016）。"政治成本假设"或"风险观"则认为，政治关联加重企业税负，因为税收是政企资源交易的资金渠道之一，企业主动或被迫地通过多纳税获得政府提供的其他资源，而且拥有政治关联的企业受到包括税务机关在内的社会各界关注，也会削减企业的避税动机以免"树大招风"。吴联生（2010）的实证结果显示，政治关联企业的所得税负担比非政治关联企业重。冯延超（2012）也发现，有政治关联的民营企业税负显著高于非关联企业，而且政治关联度越强，企业综合税负率越高。巴曙松和朱伟豪（2017）发现我国上市公司引入政治关联所获得的税收优惠不能弥补政治成本，总体上增加了企业的税收负担。

少量文献研究了腐败与企业税负的关系。黄新建和冉娅萍（2012）发现公司在行贿之后其实际税率降低且低于未行贿公司。吕炜和陈海宇（2017）研究并证实了在腐败程度高的地区，税收执法异变的可能性会更高，从而导致企业逃避税行为更加严重，并且此种腐败与避税的正向关系对于税收压力小的地区的私营民企更为显著。上述文献符合"政治权力假设",表明腐败与企业税负呈负相关,那么反腐败减少企业寻租机会,企业失去政治权力庇护后实际税负会提高。但是,依据"政治成本假设",反腐败之后企业的实际税负也可能会降低。原因可能有:一是反腐败增强了地方政府税收征管的规范性,利于国家税收政策的落实;企业也提高了纳税遵从度,减轻了地方政府的税收压力,政企双方在税收上设租寻租的动机减弱,有利于降低企业整体税负。二是企业因反腐败放弃权力寻租,将用于权力寻租的资金转用于其他投资,例如用于创新研发支出(党力等,2015),从而有利于企业享受税收优惠。三是反腐败弱化了企业的政治关联,税费缴纳不再成为政企之间资源交换的渠道,企业受关注度也降低,可能在避税政策运用上更为积极。综上所述,反腐败政策的实施对企业税负的影响具有不确定性,据此,本书提出假设 H4 – 2。

H4 – 2:反腐败政策的实施影响企业税负。

三、"营改增"税制改革与反腐败对企业税负的共同影响

"营改增"税制改革与反腐败会共同影响企业税负的原因有:首先,从目标来看,"营改增"税制改革体现税收中性原则,政府尽可能减少对市场机制的干扰或者扭曲,以一种更加公平的原则去制定税收政策(赵锦,2017)。反腐败规范政府官员的从政行为,保障人民群众的经济利益和民主权利不受侵害,使社会秩序规范有序。因此,两者都有利于改善企业的经营环境,进而影响企业的纳税动机、行为及最后的税负结果。其次,从路径来看,"营改增"税制改革影响企业的名义税率,反腐败政策通过约束官员行为、规范税收征管影响其实际税率,从而共同影响企业的实际税负。最后,从时间来看,反腐败自党的十八大即 2012 年末开始力度加强,"营改增"税制改革自 2012年 8 月起至当年年底全国八省市进行试点,因此,这两项政策在实施时间上具有重叠性,单独研究一项政策对企业税负的影响而忽视另一项政策的同期作用,得到的结论也可能是不完整和不科学的。罗党论和魏翥(2012)发现企业的政治关联与避税程度正相关,但是税制改革后这种影响变得不明显。

他们的研究结论也从侧面说明反腐败和税制改革会共同影响企业税负。鉴于本书无法预测反腐败对企业税负的影响方向，因此，就"营改增"税制改革与反腐败政策对企业税负的共同影响提出本书假设 H4 - 3。

H4 - 3："营改增"税制改革与反腐败政策共同影响企业税负。

第二节　研究设计

一、模型设定与变量定义

"营改增"税制改革是对特定行业实行的，因而本书采用评价公共政策影响广为使用的双重差分模型检验"营改增"税制改革对企业税负的影响。本书度量企业的实际总体税负水平，借鉴冯延超（2012）、刘骏和刘峰（2014）的方法，采用现金流量表中实际支付的各项税费和收到税收返还的差与营业收入之比进行衡量。对"营改增"税制改革度量目前主要采用分组变量的方式（童锦治等，2015；乔睿蕾、陈良华，2017），如模型（4 - 1）所示，Treat 是"营改增"行业的虚拟变量；Year 是公司当年是否了实施"营改增"政策的虚拟变量；Treat × Year 为"营改增"税制改革变量；Contrls 为控制变量；α 为常数项；ε 为随机扰动项。参考冯延超（2012）、黄新建和冉娅萍（2012）、刘慧龙和吴联生（2014）的研究，本书控制了影响企业税负的公司规模、资本密集度、存货密集度、成长机会、资产负债率、盈利能力、税收压力、公司产权性质和地区市场化程度。变量定义如表 4 - 1 所示。其中，反映公司所处制度环境的市场化指数，由于最新数据截至 2014 年，本书参照曹越等（2016）的做法，以 2014 年的市场化总指数作为 2013 年与 2015 年的平均数，倒推出 2015 年的市场化指数，同样的方法计算得到 2016 年的数据。

$$Taxburden = \alpha + \beta_1 Treat + \beta_2 Treat \times Year + \sum \beta_j Contrls + \varepsilon \quad (4 - 1)$$

反腐败与企业税负之间的关系用模型（4－2）检验，其中，Anticorr 代表反腐败力度变量；β_1 代表反腐败力度的代估系数，其余变量含义同模型（4－1）。反腐败的度量指标借鉴党力等（2015）的做法，采用公司所在省市的腐败查处人数取自然对数，设为 Anticorr1。本书对反腐败度量还设置了哑变量 Anticorr2，按年地区腐败查处人数进行排序，若公司所在省市的腐败查处人数大于所有公司年腐败查处人数中位数时取 1，否则取 0。本书将 Anticorr2 作为分组变量，对模型（4－1）进行分组回归，检验假设 H4－3 反腐败和"营改增"对企业税负的共同影响。

$$Taxburden = \alpha + \beta_1 Anticorr + \sum \beta_j Contrls + \varepsilon \qquad (4-2)$$

表 4 - 1   主要变量定义及度量

变量类型	变量名称	变量符号	变量定义
被解释变量	企业税负	Taxburden	企业支付各项税费产生的净现金流出与营业收入之比
解释变量	反腐败	Anticorr1	公司所在省市腐败查处人数的自然对数
		Anticorr2	公司所在省市的腐败查处人数大于所有公司年腐败查处人数中位数时取 1，否则取 0
	营改增	Treat	"营改增"实施行业为 1，否则为 0
		Year	"营改增"实施后年份为 1，否则为 0
控制变量	公司规模	Size	总资产的自然对数
	资本密集度	Capint	（固定资产＋无形资产）/总资产
	存货密集度	Invint	存货总额/总资产
	成长机会	MB	上市公司总资产的账面价值/市场价值
	资产负债率	Lev	总负债/总资产
	盈利能力	ROA	税前利润/总资产
	税收压力	Taxgrow	公司所在地区上一年度的财政收入增长率
	产权性质	SOE	上市企业为国有控股企业为 1，非国有控股企业为 0
	市场化程度	MI	取自樊纲与王小鲁编制的《中国分省份市场化指数报告》（2016）

二、样市选取与数据来源

本书以 2010～2016 年度 A 股上市公司为样本，并按照以下条件进行筛选。(1) 剔除被 ST 及金融类等特殊类别的上市公司；(2) 剔除在样本期间内企业税负小于 0 或大于 1 的公司；(3) 剔除资不抵债的公司（资产负债率大于 1 的公司）；(4) 剔除 2010 年以后上市的公司；(5) 剔除有缺失变量的公司。为了消除异常值的影响，本书对所有的连续变量在 5% 和 95% 分位上进行了缩尾处理，共得到 9325 个样本观测值。由于"营改增"税制改革是按行业及地区逐步推广实行的，为了对改革效果进行持续的考察，在"营改增"改革行业的设置上，本书剔除了 2016 年最后纳入"营改增"的建筑、金融、房地产、生活服务行业，剔除了 2014 年 6 月纳入"营改增"的电信行业，最终选择了最初开始推行的交通运输业及部分现代服务业作为"营改增"的改革行业。此外，由于"营改增"2012 年底在上海开始试点，2013 年才开始在全国推广，考虑到政策效应存在一定的滞后性，在进行 DID 检验时，本书将 2012 年、2013 年样本设置为缺失值，将 2010～2011 年和 2014～2016 年作为"营改增"税制改革实施前后期间，样本量减少到 6535 个。这也是本书在检验反腐败和"营改增"对企业税负的共同影响时所使用的样本总量。数据来源方面，企业税负及相关财务指标数据来自国泰安数据库；反腐败数据来自《中国检察年鉴》；各个地区财政收入来自《中国统计年鉴》。

三、描述性分析

从表 4－2 的描述性统计可以看出，企业税负均值为 0.070，标准差为 0.050，与刘骏和刘峰（2014）的同指标相比，均值略有上升，标准差下降。与冯延超（2012）民营公司的同指标相比，均值与标准差都下降，从而初步说明"营改增"在降低和均衡税负上有了一定成效。自变量反腐败的标准差较大，说明我国各个地区间的反腐败力度存在一定差异。控制变量中样本公司的规模、发展能力及所在地区的市场化程度差异较大,而资本密集度、存货密集度、资产负债率和税收压力这些指标公司间差异较小。

表4-2 描述性统计

变量	样本量	均值	标准差	最小值	中位数	最大值
Taxburden	9325	0.070	0.050	0.010	0.060	0.200
Treat	9325	0.210	0.410	0	0	1.000
Year	9325	0.570	0.500	0	1.000	1.000
Anticorr1	9325	7.060	0.660	5.780	7.270	7.960
ROA	9325	0.050	0.040	0	0.040	0.130
Size	9325	22.160	1.160	20.270	22.030	24.490
Capint	9325	0.280	0.180	0.020	0.250	0.650
Invint	9325	0.170	0.150	0	0.130	0.570
MB	9325	0.890	0.710	0.160	0.640	2.710
Lev	9325	0.450	0.210	0.100	0.460	0.800
Taxgrow	9325	−0.110	0.060	−0.240	−0.100	−0.010
MI	9325	7.690	1.880	−0.300	7.910	11.530
SOE	9325	0.490	0.500	0	0	1

表4-3列示了变量之间的 Pearson 相关系数。从相关系数来看,反腐败变量与企业税负呈现出显著的负相关关系,符合政治成本假设。企业税负与公司规模、资产收益率、资本和存货密集度正相关,与资产负债率负相关也符合人们的通常预期。税负与市场化程度负相关,表明市场化程度高的地区,公司受到的政治干预较少,企业税负较低同样支持了政治成本假设。此外大多数变量间的相关系数不高,表明不存在严重的共线性问题。

表 4－3

变量 Pearson 相关系数

变量	Taxburden	Treat	Year	Anticorr1	ROA	Size	Capint	Invint	MB	Lev	Taxgrow	MI	SOE
Taxburden	1	—	—	—	—	—	—	—	—	—	—	—	—
Treat	0.021**	1	—	—	—	—	—	—	—	—	—	—	—
Year	-0.001	-0.01	1	—	—	—	—	—	—	—	—	—	—
Anticorr1	-0.055***	-0.080***	0.159***	1	—	—	—	—	—	—	—	—	—
ROA	0.244***	0.108***	-0.118***	-0.014	1	—	—	—	—	—	—	—	—
Size	0.020*	-0.023*	0.193***	-0.037***	-0.094***	1	—	—	—	—	—	—	—
Capint	0.055***	0	-0.008	0.071***	-0.089***	0.011	1	—	—	—	—	—	—
Invint	0.087***	-0.274***	-0.060***	-0.01	-0.163***	0.092***	-0.389***	1	—	—	—	—	—
MB	-0.087***	-0.085***	-0.073***	-0.046***	-0.406***	0.635***	0.087***	0.184***	1	—	—	—	—
Lev	-0.140***	-0.142***	-0.011	-0.027***	-0.439***	0.491***	-0.015	0.280***	0.611***	1	—	—	—
Taxgrow	0.004	-0.01	0.582***	0.072***	-0.122***	0.145***	-0.003	-0.057***	0.011	-0.022**	1	—	—
MI	-0.072***	0.055***	0.354***	0.087***	0.060***	0.078***	-0.172***	0.007	-0.088***	-0.093***	0.184***	1	—
SOE	-0.017	0.062***	-0.027***	-0.140***	-0.153***	0.332***	0.174***	-0.013	0.327***	0.283***	-0.026**	-0.154***	1

注：***、**、* 分别表示在 1%、5% 和 10% 的水平显著。

第三节　实证结果分析

一、实证结果

　　模型回归结果如表 4 - 4 所示。从差分结果来看，控制了其他影响企业税负的因素，模型（4 - 1）中"营改增"税制改革变量与企业税负为显著负相关关系，表明实施"营改增"长期来看降低了企业总体税负，支持了假设 H4 - 1。模型（4 - 2）的回归结果也支持了假设 H4 - 2，反腐败力度指标 Anticorr1 和哑变量 Anticorr2 都与企业税负呈负相关关系，说明反腐败降低了企业税负，验证了政治关联的"政治成本假设"。模型（4 - 1）分组回归结果表明，反腐败力度大的地区，"营改增"税制改革对企业税负的降低作用更为显著，从而说明反腐败政策与"营改增"税制改革在税负调节上发挥了协同作用，支持了假设 H4 - 3。就有关公司特征的控制变量看，公司税负与盈利能力（roa）、资本密集度（capint）和存货密集度（invint）显著正相关，符合经济学理论和人们的预期。公司税负与资产负债率（Lev）负相关，表明财务杠杆发挥了税盾作用，降低了企业的实缴税负。公司税负与市场化水平（mi）呈现出负相关关系，说明市场化程度越好的地区，政府对市场的干预程度越低，企业税负也越低。这与反腐败和公司税负负相关的结论一致，同样验证了政治关联在税负问题上符合"政治成本假设"。

表 4 - 4 模型回归结果

	模型（4 - 1）	模型（4 - 2）	模型（4 - 1）分组回归	
			Anticorr2 = 1	Anticorr2 = 0
Treat	0. 076 *** (8. 32)	—	0. 103 *** (10. 29)	0. 035 ** (2. 17)
Year	0. 010 *** (3. 82)	—	0. 016 *** (5. 15)	0. 013 *** (2. 99)

续表

	模型（4-1）	模型（4-2）		模型（4-1）分组回归	
				Anticorr2 = 1	Anticorr2 = 0
Treat × Year	-0.010 *** (-2.98)	—	—	-0.013 *** (-2.93)	-0.007 (-1.32)
Anticorr1	—	-0.002 *** (-3.05)	—	—	—
Anticorr2	—	—	-0.003 *** (-3.00)	—	—
ROA	0.342 *** (16.42)	0.379 *** (21.94)	0.378 *** (21.90)	0.364 *** (15.07)	0.403 *** (10.68)
Size	0.003 *** (3.01)	0 (0.20)	0 (0.24)	0.002 (1.60)	-0.003 ** (-2.08)
Capint	0.011 ** (2.54)	0.010 *** (2.78)	0.010 *** (2.73)	0.007 (1.50)	0.016 * (1.88)
Invint	0.021 *** (3.17)	0.024 *** (4.33)	0.024 *** (4.29)	0.020 ** (2.40)	0.026 ** (2.26)
MB	-0.016 *** (-3.66)	0.002 (1.44)	0.002 (1.39)	0.001 (0.46)	0.005 ** (2.26)
Lev	-0.044 *** (-10.54)	-0.044 *** (-12.59)	-0.044 *** (-12.59)	-0.050 *** (-10.29)	-0.041 *** (-4.87)
SOE	-0.001 (-0.47)	-0.002 ** (-2.28)	-0.002 ** (-2.22)	-0.001 (-0.41)	-0.003 (-1.45)
MI	-0.004 *** (-10.90)	-0.004 *** (-13.84)	-0.004 *** (-13.47)	-0.004 *** (-7.69)	-0.003 *** (-6.31)
Taxgrow	-0.014 (-0.94)	-0.005 (-0.70)	-0.004 (-0.51)	-0.035 * (-1.80)	0.021 (0.86)
常数项	-0.001 (-0.04)	0.069 *** (4.21)	0.054 *** (3.58)	0.005 (0.23)	0.121 *** (3.73)
行业	控制	控制	控制	控制	控制
年份	控制	控制	控制	控制	控制
修正 R^2	0.33	0.35	0.35	0.34	0.32
F 值	95.79	141.84	142.16	74.63	33.22
观测值	6535	9325	9325	4376	2159

注：回归结果为稳健标准误估计，括号内数字为 t 值，***、**、* 分别表示在 1%、5% 和 10% 的水平显著。

二、进一步分析

在模型（4-2）中的公司税负与企业产权性质（SOE）显著负相关，而在模型（4-1）及其分组回归结果中两者关系变得不显著。鉴于产权性质不同的企业在"营改增"税制改革和反腐败的共同作用下可能税负影响不同，本书将反腐败程度和产权性质作为双重分组变量，作了进一步的差分检验，结果如表4-5所示。从表4-5中可见，在反腐败程度高的地区，非国有控股企业相比国有控股企业在"营改增"后的税负降低更显著。本书又分组检验了产权性质不同企业"营改增"和反腐败对企业税负的各自影响。回归结果显示，"营改增"税制改革可以同时降低国有和非国有控股企业的税负，地区反腐败程度只与非国有控股企业的税负显著负相关，国有控股企业受反腐败影响税负降低但不显著。笔者认为，这可能是因为国有控股企业承担着较多的政治功能和社会责任，税负不会像非国有控股企业那样对政策变动反应迅速，非国有控股企业从反腐败政策受益更多。上述发现也说明，在评价不同产权性质企业税负的影响因素时，制度层面的影响因素不能只关注单一政策影响，否则结论可能有失偏颇。

表4-5　反腐败与"营改增"对不同产权性质企业税负影响的进一步检验

	Anticorr2 = 0		Anticorr2 = 1	
	SOE = 0	SOE = 1	SOE = 0	SOE = 1
Treat	0.039 * (1.83)	0.043 ** (2.16)	0.066 *** (6.02)	0.091 *** (7.94)
Year	0.014 *** (2.72)	0.005 (0.66)	0.024 *** (5.09)	0.004 (0.75)
Treat × Year	−0.006 (−0.94)	−0.013 (−1.48)	−0.014 *** (−2.78)	−0.008 (−0.77)
ROA	0.404 *** (9.30)	0.431 *** (5.74)	0.343 *** (12.66)	0.442 *** (8.12)
Size	−0.005 ** (−2.50)	0 (0.10)	0.001 (1.09)	0.004 ** (1.99)

续表

	Anticorr2 = 0		Anticorr2 = 1	
	SOE = 0	SOE = 1	SOE = 0	SOE = 1
Capint	0.011 (1.07)	0.024 (1.49)	0.002 (0.29)	0.032 *** (3.03)
Invint	0.012 (0.91)	0.071 *** (2.88)	0.015 (1.62)	0.038 ** (2.11)
MB	0.005 * (1.71)	0.006 (1.39)	−0.001 (−0.36)	0.003 (1.02)
Lev	−0.034 *** (−3.44)	−0.062 *** (−3.93)	−0.046 *** (−8.40)	−0.064 *** (−6.37)
MI	−0.003 *** (−5.81)	−0.003 *** (−2.95)	−0.005 *** (−7.88)	−0.002 * (−1.90)
Taxgrow	0.019 (0.65)	0.005 (0.11)	−0.038 * (−1.72)	−0.011 (−0.30)
常数项	0.161 *** (3.98)	0.021 (0.37)	0.010 (0.43)	−0.062 (−1.52)
行业	控制	控制	控制	控制
年份	控制	控制	控制	控制
修正 R^2	0.33	0.32	0.33	0.42
F 值	26.28	11.88	55.43	27.91
观测值	1527	632	3362	1014

注：回归结果为稳健标准误估计，括号内数字为 t 值，*** 、** 、* 分别表示在 1%、5% 和 10% 的水平显著。

三、稳健性检验

考虑到现金流量表与企业财务报表的编制基础不同，企业税负的实际金额与本期应计税负不一致，本书还以企业支付的税费的净现金流出的三期移动平均值与营业收入的比值衡量企业税负（刘骏、刘峰，2014），表示为 Taxburden1；将反腐败变量替换成各省份腐败案件立案数的对数（党力等，2015），表示为 Anticorr3。检验结果如表 4 − 6 所示，对于模型（4 − 1）和模型（4-2），改变税负和反腐败的度量原假设依然成立，我们所关注的关键变量其系数都显著为负。

表4-6 假设 H4-1 和假设 H4-2 的稳健性检验

	Taxburden1	Taxburden1	Taxburden1	Taxburden1
Treat	0.0817 *** (7.68)	—	—	—
Year	0.0104 *** (5.51)	—	—	—
Treat × Year	-0.00818 ** (-2.32)	—	—	—
Anticorr1	—	-0.0015 *** (-2.73)	—	—
Anticorr3	—	—	-0.0013 ** (-2.45)	-0.0015 *** (-2.66)
ROA	0.344 *** (18.74)	0.0355 *** (2.77)	0.0748 *** (6.02)	0.0356 *** (2.78)
Size	-0.00140 * (-1.87)	-0.0017 *** (-3.56)	-0.0004 (-0.81)	-0.0017 *** (-3.56)
Capint	0.00678 * (1.70)	0.0105 *** (3.99)	0.0136 *** (5.31)	0.0106 *** (4.02)
Invint	0.0145 *** (2.65)	0.0178 *** (5.01)	0.0251 *** (7.28)	0.0178 *** (5.02)
MB	0.000392 (0.27)	0.0026 *** (2.90)	0.0044 *** (5.04)	0.0026 *** (2.92)
Lev	-0.0423 *** (-11.07)	-0.0047 * (-1.86)	-0.0092 *** (-3.74)	-0.0047 * (-1.87)
MI	-0.00385 *** (-11.56)	-0.0022 *** (-10.40)	-0.0023 *** (-11.24)	-0.0023 *** (-10.54)
Taxgrow	-0.00145 (-0.18)	0.0040 (0.65)	-0.0022 (-0.38)	0.0045 (0.73)

续表

	Taxburden1	Taxburden1	Taxburden1	Taxburden1
SOE	−0.00139 (−1.13)	0.0044 *** (5.43)	0.0044 *** (5.57)	0.0045 *** (5.45)
常数项	0.0786 *** (4.90)	0.0222 * (1.92)	−0.0125 (−1.11)	0.0223 * (1.92)
行业	控制	控制	控制	控制
年份	控制	控制	控制	控制
修正 R^2	0.329	0.60	0.60	0.60
F 值	104.3	404.6	420.8	404.6
观测值	6535	9325	9325	9325

注：括号内数字为检验 t 值，*** 、** 、* 分别表示在 1%、5% 和 10% 的水平显著。

第四节　本章小结

反腐败与"营改增"税制改革均是党的十八大以来我国进行深化改革的政策，反腐败不仅带来政府体制结构的变化，同样影响政府的办事效率，进而对其他政策的贯彻与落实产生影响；"营改增"税制改革作为我国进行结构性减税的重要举措，其执行的效果也可能会受到反腐败的影响。因此，本书利用双重差分模型与多元回归模型分析"营改增"和反腐败对企业税负的单独及共同影响。结果发现，"营改增"税制改革显现出降低企业总体税负的积极效应；反腐败对企业税负有显著的负向影响，表明反腐败降低了企业的寻租成本；反腐败强度大的地区，"营改增"税制改革的减税效应更为显著，特别是非国有控股企业更为受益。

本书的结论具有以下政策启示：一是政府推行的经济和政治政策可能指向同一经济后果，因此，政府需要关注不同政策之间的叠加效应，选择可以强化某一政策后果的其他政策在同时间实施，以获得更好的政策实施效果。二是反腐败为"营改增"税制改革创造了好的实施环境，有利于企业减负增效。我国的反腐败政策无论是对我国的政治生态还是经济发展，无论是对国家还是企业的长治久安都意义重大，应该持续深入开展下去。三是反腐败可以降低企业税负的结论支持了腐败建立政治关联产生政治成本的理论假说，有助于澄清"反腐败有害论"的误识，促进企业积极支持反腐败政策、反对商业贿赂，进而获得政策红利。

第五章
商业贿赂的治理：内部控制
视角的行业分析

第一节　内部控制对商业贿赂的治理作用

一、商业贿赂的治理监管

鉴于商业贿赂给企业和社会造成的巨大危害，对商业贿赂实施监管治理是非常必要的。商业贿赂的监管是一个极其复杂的系统工程，需要企业内外部形成合力。公司外部的国家层面可以通过制度建设来遏制商业贿赂行为，措施包括深化体制改革、加强廉政和诚信体系建设、完善法律监管、实施国家审计、促进文化转型等（李华芳，2006；李芳晓，2011）。国外研究者基于实证研究结果，也得出相似的结论，但集中于法律与财务监管两个方面。例如，卡雷拉（Carurra，2007）强调反贿赂法律需要在多个国家实施和协作以变得更为有效。卡尔波夫等（Karpoff et al.，2014）认为，当前对公司的处罚不足以抵消公司贿赂的经济动机，所以应提高法律的惩罚力度。可见，法律的严厉性和执行有效性是确保监管效果的两个关键因素。对公司商业贿赂的财务监管手段则是会计和审计制度的完善。金布罗（Kimbro，2002）发现，当一国有好的财务报告准则且会计人员比重较高时，腐败行为相对较少。吴（Wu，2005）关注了亚洲公司的会计实务对于贿赂水平的影响，也发现会计信息报告依据较高质量的准则时，较好的会计实务有助于减少贿赂行为发生的概率和贿赂支付的金额。但是有别于法律监管是国家执行，公司外部的会计和审计监管制度必须要公司配合执行，才可能在治理商业贿赂中切实发挥作用。公司内部对商业贿赂的治理，主要是通过完善公司治理、内部控制和财务管理制度，加强会计监督、内部审计与信息披露制度来实现（Wu，2005；Ryvkin and Serra，2012；丁友刚、胡兴国，2008）。

二、内部控制合规目标是企业内部商业贿赂治理的依据

内部控制自诞生之日起就有防范舞弊的目的和功能。内部控制系统的最初形成是内部牵制系统。根据《蒙哥马利审计学》的定义，内部牵制是指一个人不能完全支配账户而另一个人也不能独立加以控制的制度，目的是相互牵制，防止发生错误或弊端。内部控制理论和实践的发展经历了内部牵制、内部控制制度、内部控制结构、内部控制整合框架和企业风险管理整合框架几个阶段。美国"反对虚假财务报告委员会"下属的"发起组织委员会"（committee of sponsoring organizaitons，COSO）极大地推动了内部控制理论的发展，提出了内部控制的"三大目标""五大要素""17项原则"。我国财政部会同证监会等五部委分别于2008年5月和2010年4月发布了《企业内部控制基本规范》《企业内部控制配套指引》，标志着我国企业内部控制规范体系建成。这些内部控制制度有关舞弊防范的规定为商业贿赂的治理提供了法律依据。

1992年COSO在内部控制整合框架中提出内部控制的三个目标，其中之一是合规目标，即内部控制应保证企业经营合法合规，促进企业遵循相关的法律法规。合法性要求是社会对企业运营的最基本要求，是企业运营必须要坚持的底线。商业贿赂是一种违法行为，商业贿赂行为的曝光会给企业带来法律制裁，轻则罚款，重则吊销营业执照，都会极大地影响企业的声誉和盈

利能力，危及企业持续发展的根本。为了保证企业行为的合法性，企业内部必然要建立相应的控制制度，以敦促企业成员贯彻法律法规要求（刘霄仑，2010）。

三、与商业贿赂舞弊治理相关的内部控制各要素含义

依据 COSO 1992 年发布的内部控制整合框架，内部控制包括五项要素：控制环境、风险评估、控制活动、信息沟通和内部监督。这五项要素都包含了反舞弊的相关内容要求。

（一）反映商业道德和价值观的控制环境

控制环境包括诚信与道德价值观、管理理念与企业文化、风险管理策略、权利与责任分配、反舞弊机制等。控制环境是内部控制的基础，企业对贿赂舞弊的治理需要诚信道德的商业文化环境，企业应对诚信和道德观作出承诺。讲求商业道德并且有正确价值观的企业，对于贿赂舞弊行为有较低的容忍度，对于潜在的舞弊行为实施者会构成压力或威胁。道德价值观也是企业内部控制是否可以遏制舞弊行为的根本。价值观如同内部控制这套处理程序的输入值，正确的输入加上严密的处理才能得到期望的结果，否则输入值从根本上就是错的，严密的处理只能为虎作伥（杨兴龙等，2016）。商业道德是公司的伦理问题，企业应通过提高公司诚信的定位为员工提供道德指南。商业道德和价值观要想确保落到实处，首先，需要建立适当的"高层基调"，管理层对道德准则要遵循垂范，以身作则；其次，道德准则还要规定内容全面、有效推广宣传，得到一致无例外的执行；最后，将对道德准则的遵从作为员工评价的标准之一。

（二）舞弊相关的内外部因素风险评估

企业经营失败的三大风险之一是合规风险（刘霄仑，2010）。风险评估要求企业识别和分析与实现目标相关的内外部风险因素。组织在评估影响其目标实现的风险时，要考虑舞弊的可能性。1992 年版的 COSO 报告提到反舞弊

问题，但是对反舞弊问题没有足够的关注和重视。商业和经营环境的改变促使 COSO 委员会对内部控制整体框架进行了修订，于 2013 年发布了更新后的版本。2013 年版的 COSO 报告对舞弊问题进行了更多论述，加强了反舞弊的理念（阚京华、周友梅，2015）。本书认为，内部风险因素中的员工素质与商业贿赂舞弊直接相关，实施贿赂舞弊行为的员工其道德和法律素质必然是有欠缺的。外部因素中的竞争态势和经济形势会成为企业商业贿赂舞弊的诱因。当企业面临的行业竞争压力较大时，企业想要赢得竞争优势的难度加大，可能会诱使企业通过贿赂手段走捷径。经济形势恶化时，企业为了及早摆脱困境，也会有贿赂的动机。

（三）舞弊风险控制的常规和特别控制活动

控制活动是企业为了控制风险实施的政策和程序。随着内部控制由最初的财务报告控制发展为多目标的管理控制，控制的层次由最初的员工层提升到企业的管理层董事会（林钟高等，2011）。除了不相容职务分离控制、授权审批控制、会计系统控制、资产保全控制、预算控制、绩效考评、信息系统控制等一般控制活动外，对商业贿赂舞弊的控制活动至少应包括：（1）有专门的机构负责调查贿赂舞弊行为，有权力对贿赂舞弊行为全程跟踪处理，并且有规范的舞弊调查程序。（2）建立一系列控制制度以发现、调查和预防舞弊行为，并且相关控制有明确的执行主体或规范主体。例如，反舞弊的举报机制、培训机制、员工背景调查机制等。（3）企业应有必要的资金投入发展舞弊识别的技术方法。（4）企业对舞弊风险控制应该既有常规计划控制，也有应急控制措施。此外，对于商业贿赂的风险控制应该以风险识别和评估的结果为依据，特别对评估为商业贿赂高风险的领域进行强化控制。商业贿赂的高风险领域包括对外购销交易、对内授权审批的管理流程，以及掩盖贿赂行为的会计信息领域。（5）企业反舞弊的程序和控制质量需要持续监控和定期评估，通常由审计委员会领导下的内部审计部门负责。

（四）与利益相关者沟通反舞弊信息

王海兵等（2011）认为，内部控制是"一种维护各方利益相关者合法合理权益的制度安排"。没有内部控制或者失效的内部控制，会加重由代理问题造成的道德风险和逆向选择，危害企业利益相关者的根本利益。如果企业已经有了相对完善的内部控制制度，则需要将内部控制的程序和结果与企业的利益相关者进行必要的信息沟通，以打消这种疑虑对企业价值的负面影响。而且信息沟通也是促使内部控制发挥作用的必要环节之一，信息沟通帮助企业的利益相关者准确理解内部控制的目标，获得他们对企业内部控制改善的帮助和支持。有关反贿赂舞弊内部控制的主要信息沟通方式及内容包括：（1）开展反贿赂舞弊的培训讲座，使员工了解反贿赂舞弊的重要意义，并提高反贿赂舞弊的技能；（2）要求贿赂舞弊高发领域的员工签署职业操守声明；（3）与商业伙伴签订阳光合作协议，承诺商业往来中不发生贿赂行为；（4）设立反贿赂舞弊的投诉举报机制，投诉举报的处理结果信息公开；（5）宣传贿赂舞弊典型案件，形成警戒震慑作用；（6）对发现的企业贿赂舞弊缺陷及改进补救措施通过内部审计报告的形式，向公司最高管理层和董事会报告。

（五）企业舞弊控制有效性的内外部监督机制

内部监督是对企业内部控制建立与实施情况进行监督检查，评价内部控制的有效性，发现内部控制缺陷并及时加以改进。企业内部监督的主要机构是审计委员会及内部审计人员。关于贿赂舞弊监督，审计委员会的优势在于主要由独立董事组成，相对独立性较高，审计委员会应评估管理层对贿赂舞弊风险的确认、实施的反贿赂舞弊程序以及他们对风险控制的态度。内部审计人员的优势在于对企业情况及员工更为熟悉了解，更易发现贿赂舞弊的线索，内部审计人员在审计委员会的领导下评估舞弊风险和内部控制，建议管理层降低贿赂舞弊风险的行动。此外，企业的管理层监督员工的贿赂舞弊行为，而对于管理层的贿赂舞弊，审计委员会有责任予以监督，必要时可以借助外部独立审计师和注册舞弊审查师的专业工作。例如，我国2010年发布的《企业内部控制评价指引》《企业内部控制审计指引》，要求上市公司聘请注册会计师对内部控制的有效性进行评价和审计。

总之，内部控制是舞弊防范治理体系的重要组成部分。然而，内部控制只能提供合理而非绝对的保证。

第二节 医药行业的商业贿赂制度诱因与行业监管

医药行业是国内外商业贿赂行为猖獗的主要行业之一，给各国带来巨大的经济损失。根据美国 FBI 公开的 2010 ~ 2011 年度金融犯罪报告，医疗项目的欺诈损失估计占全美医疗费用的 3% ~ 10%。其中，主要的欺诈方式之一就有医生的回扣问题。勒泽（Roese，2010）也指出，非法营销已成为医疗欺诈的主要方式之一，美国每年医疗欺诈的损失超过 650 亿美元。我国药品营销的回扣每年也侵吞国家资产约 7.72 亿元，约占全国医药行业全年税收收入的16%（王蔚佳，2013）。然而，医药行业商业贿赂造成的经济损失并不是其最严重的社会危害。医药行业的特殊性在于药品及医疗服务的数量和质量对人的生命有直接影响。商业贿赂的存在缩减了患者可得到的药品及医疗服务，极大地负面影响了患者康复的机会，是对人生命权的戕害，同时阻碍了医疗制度的改革。医药行业的商业贿赂是全球反腐败需要重点监管的共同领域，对医药行业的商业贿赂行为需要予以更多的关注和研究。

一、医药行业商业贿赂的制度诱因

为了更深入地理解医药制造企业商业贿赂行为的产生与现状，有必要介绍相关的医药管理和医疗卫生体制。这是因为，企业在商业经营活动中的贿赂行为，通过不当支付获利，本质上是一种违反公平竞争原则的舞弊行为，因此，商业贿赂行为的出现也完全可以用舞弊的经典理论（"GONE"理论）加以解释，即舞弊行为的产生有四个重要条件，分别是贪婪（greed）、机会（opportunity）、需要（need）和暴露（exposure）。制药企业商业贿赂的"需要""机会"与国家相关的医药管理制度有很大关系，制度的不完善诱发了企业的"贪婪"之心，而反商业贿赂行为的治理监管相对较弱，减小了企业"暴露"的风险。

（一）国家基本药物使用制度

1977 年，世界卫生组织（WHO）在第 615 号技术报告中正式提出基本药物的概念：基本药物是能够满足大部分人口卫生保健需要的药物。随着 WHO 基本药物概念的推广，2009 年中国启动国家基本药物制度建设。中国的基本药物是适应基本医疗卫生需求，剂型适宜，价格合理，能够保障供应，公众可公平获得的药品。国家基本药物目录，是医疗机构配备使用药品的依据。2009 年 5 月，卫生部成立了国家基本药物工作委员会，负责确定国家基本药物目录遴选、调整和审核，并于 2009 年 9 月发布了国家基本药物目录。该目录实行动态调整管理，原则上每 3 年调整一次。各省级政府可以依照国家政策，增补本省（区、市）的基本药物目录。由于 20 世纪 90 年代国务院发布实施了《中药品种保护条例》，使得一些中药制药企业独家制造某种中成药，这些中药独家品种也可经遴选进入基本药物目录。按照规定，我国政府举办的基层医疗卫生机构全部配备和使用国家基本药物，其他各类医疗机构也要将基本药物作为首选药物并达到一定的使用比例，患者凭处方可以到零售药店购买药物。基本药物全部纳入基本药品保障报销目录，报销比例明显高于非基本药物。政府举办的医疗卫生机构使用的基本药物实行省级集中、网上公开招标采购并统一配送。基本药物将采取政府定价的原则，由国家发改委按通用名称制定统一的基本药物全国零售指导价格。

产品进入"基药"目录，对制药企业的影响有：（1）政府医疗机构的配备使用和医疗保险的可报销，对于扩大药品销量和市场占有率有显著好处。（2）政府医疗机构对非独家药品的"基药"采购实行竞价招标形式，因竞争激烈产品降价幅度较大，企业主要通过销售量的增加来减少价格下降带来的利润压缩。（3）中药独家品种因生产企业稀少而采用议价形式定价，价格下降少而销量增加，企业利润更高。综上可见，制药企业面对"基药"制度的主要利益动机有两个：一是产品进入"基药"目录；二是获得较高的定价，最好是成为独家品种。而制药企业可以寻租的机会也有两个：一是国家"基药"目录制定和地方"基药"目录的增补决策；二是地方政府的招标采购环节。但是在招标采购环节中，由于运作方式成熟、参与企业多、信息透明度高，因此，寻租难度大且寻租成本高。与之相比进入"基药"名单政府官员权力大、规则不透明而有较大"灰色空间"，也就成了药企寻租的最佳选择。结果在地方"基药"增补环节，各地将地方制药企业药品纳入，有明显的地方保护倾向，独家药品比例明显偏高。2014 年爆发的广东"基药"腐败案就是冰山一角。

（二）食品药品监督管理局的监管

中国有国家食品药品监督管理总局（China Food and Drug Administration，CFDA），各省份有地方的食品药品监督管理局。各级机构对于药品管理的主要职责有：（1）负责起草和制定食品安全、药品、医疗器械、化妆品监督管理的法律法规，防范区域性、系统性食品药品安全风险；（2）负责组织制定、公布国家药典等药品和医疗器械标准、分类管理制度并监督实施；（3）负责制定食品、药品、医疗器械、化妆品监督管理的稽查制度并组织实施，组织查处重大违法行为；（4）负责食品药品安全事故应急体系建设，组织和指导食品药品安全事故应急处置和调查处理工作，监督事故查处落实情况。

因为食品药品监督管理局肩负着药品安全管理的主要职责，权力很大，所以制药企业对于药监局的监管有通过审批和逃避处罚的利益寻租动机。而个别药监局官员滥用职权谋求私利，引发了一系列的腐败贿赂案件。

（三）医疗卫生体制改革

我国的医疗制度改革充满了争议和探索，至今也没有获得完全的成功，而其中引发贿赂乱象的主要问题是"医药不分""以药养医"。"医药不分"相对于国外的医药分业经营而言。医药分业是指开处方与发药调配相分离，医院不设门诊药房，只设住院部药房，门诊病人接受医师诊断，凭医师开的处方，自主选择社会药店购药，药剂师审核医师处方，负责药品的调配。医药分业的合理性使得医师没有药品促销的利益驱动，保证药品使用的合理性和规范性。而中国的"医药不分"表现为医院普遍设有门诊药房，医师诊断开处方，然后患者付费，在医药的门诊药病房拿药，药费属于医院收入的一部分。虽然近年来由于零售药房的发展和处方药、非处方药的分类管理，民众有权利选择到药店购药，但是在技术上，医院与药店之间没有联网，药店看不到医师的处方，医院又往往通过流程设定、处方药与非处方药合并开列等方式客观上限制门诊病人到药房买药。如表 5 - 1 所示，依据《中国卫生统计年鉴》的数据，药品收入占中国综合医院收入的比重 2003～2012 年保持在41.6％的平均水平上。而门诊病人平均每次看病的医药费 2003～2012 年从108.2 元持续上涨到 192.5 元，药费开支始终占比 1/2 以上，如表 5 - 2 所示。药品收入对医院运营的重要性不言而喻，从而形成了以药品利润拉动医院经济效益，维持医院正常运转的"以药养医"局面。

表 5 - 1　　　　　　我国综合医院 2003～2012 年收入情况统计

年份	2003	2004	2005	2006	2007	2008	2009	2010	2011	2012
机构数（个）	4779	4848	4884	4790	4757	4873	4806	4784	4712	4678
平均每所医院总收入（万元）①	3969.4	5111.8	5575.6	6163.8	7506.5	9283.1	11494.9	13906.1	16916.5	20566.3
财政补助收入（万元）	297.5	318.2	333.3	393.6	523.4	646.9	850.2	997.8	1313.2	1527.7
财政补助收入占总收入比重（％）	7.5	6.2	6.0	6.4	7.0	7.0	7.4	7.2	7.8	7.4
医疗收入（万元）②	1827.7	2296.0	2685.7	3045.8	3713.9	4545.3	5590.3	6868.1	8519	10493.8
医疗收入占总收入比重（％）	46.0	44.9	48.2	49.4	49.5	49.0	48.6	49.4	50.4	51.0
药品收入（万元）	1733.8	2045.7	2383.6	2559.4	3127.6	3924.6	4846.8	5824.9	6817.3	8139.3
药品收入占总收入比重（％）	43.7	40.0	42.8	41.5	41.7	42.3	42.2	41.9	40.3	39.6

注：①总收入，指医疗机构为开展业务及其他活动依法取得的非偿还性资金。总收入包括财政补助收入、上级补助收入、医疗收入、药品收入和其他收入等。

②《中国卫生统计年鉴（2007）》中，医疗收入是指医疗机构在开展医疗业务活动中所取得的收入。包括挂号收入、床位收入、诊察收入、检查收入、治疗收入、手术收入、化验收入、护理收入和其他收入等。《中国卫生统计年鉴（2013）》中，医疗收入还包括卫生材料收入、药品收入和药事服务费收入。鉴于药品收入是增加的医疗收入的主要组成部分，也是本书关注的焦点，为了各年度之间可比，笔者依照《中国卫生统计年鉴（2013）》，对其2008～2012 年的医疗收入数据扣除了药品收入部分（门诊药品收入和住院药品收入的合计数）。

资料来源：《中国卫生统计年鉴（2007）》《中国卫生统计年鉴（2013）》。

表 5 - 2   我国医院门诊病人次均医药费 2003～2012 年统计

年份	2003	2004	2005	2006	2007	2008	2009	2010	2011	2012
门诊病人次均医药费用（元）	108.2	118.0	126.9	128.7	128.3	138.3	152.0	166.8	179.8	192.5
其中：药费（元）	59.2	62.0	66.0	65.0	65.4	71.0	78.3	85.6	90.9	96.9
药费占比（%）	54.7	52.5	52.1	50.5	50.9	51.3	51.5	51.3	50.5	50.3

资料来源：《中国卫生统计年鉴（2004）》《中国卫生统计年鉴（2007）》《中国卫生统计年鉴（2013）》。

    计划经济时代，中国的医疗卫生机构提供低成本医疗服务主要依靠政府的支持。由于国家财力有限和发展市场经济的需要，1985 年 4 月，中国正式启动全面的医疗制度改革。这一时期医改的基本思路是模仿国企改革，其核心内容是放权让利，扩大医院自主权，但改革的基本做法则是"只给政策不给钱"。其直接体现就是政府对医疗卫生事业的直接投入逐步减少，允许公立医院将药品在采购价基础上加价 15% 销售，以弥补财政投入的不足。政府对医疗卫生事业的投入不足表现为全国卫生总费用明显增长，但政府卫生支出占全国卫生总费用的比重从 20 世纪 80 年代的接近 40% 下降到 90 年代中后期的 15%～17%，医院收入中财政补助部分不足 8%（陈钊等，2008）。《中国卫生统计年鉴》的相关数据也支持了这一论断。1990～2012 年，中国政府的卫生支出绝对数从 187.28 亿元增长到 8365.98 亿元，但是政府卫生支出占卫生总费用比重年均值是 20.53%，政府卫生支出占财政总支出的比重维持在 5.45% 的年均水平上。将中国的卫生支出情况与世界各国作比较，依据世界卫生组织的统计数据，在 2000 年、2007 年和 2012 年三个年度，中国的卫生总费用占 GDP 比重都低于全球各国平均水平，政府卫生支出指标值也是如此。而如果依照中国政府自己公布的统计数据，中国政府卫生支出的相关指标值情况更糟，具体如表 5 - 3 所示。

表 5 - 3 　　　　　中国的卫生支出情况及与世界平均水平的比较 　　　　单位：%

年份	卫生总费用占 GDP 比重		政府卫生支出占卫生总费用比重			政府卫生支出占财政支出的比重		
	中国	全球	中国(中)[①]	中国(世)[①]	全球	中国(中)	中国(世)	全球
2000[②]	4. 6	7. 7	15. 5	38. 3	55. 5	4. 47	10. 9	12. 9
2007	4. 3	9. 7	22. 3	44. 7	59. 6	5. 19	9. 9	15. 4
2012[③]	5. 4	8. 6	30. 0	56. 0	57. 6	6. 65	12. 5	14. 1

　　注：①中国（中）代表数据出自《中国卫生统计年鉴》；中国（世）代表数据出自《世界卫生统计》。总体上，有关政府支出的指标《中国卫生统计年鉴》数据显著低于《世界卫生统计》中的数据，但"卫生总费用占 GDP 比重"的数据在两类统计上是相同的。
　　②各指标 2000 年的相关数据在 2010 年版和 2015 年版的《世界卫生统计》中略有不同，表格中列示的是 2015 年版的报告数据。
　　③2012 年中国政府卫生支出比重的数据在《中国卫生统计年鉴（2013）》中是测算值。
　　资料来源：《中国卫生统计年鉴（2013）》《世界卫生统计（2010）》《世界卫生统计（2015）》。

　　"以药养医"局面形成的另一个重要原因是政府对医疗服务价格的低价管制，医疗服务价格的形成并没有真正实现市场化（陈钊等，2008）。对于高负荷、低工资的中国医生来说，只能从其他渠道弥补收入不足，包括收受制药企业的药品推销回扣和患者红包等。而在全国的药品销售中，医院渠道占到了整体市场份额的 70%（刘涌，2013）。因此，制药企业有充分的动机和机会贿赂医生，实现双方共同谋利。贿赂形式包括直接的回扣、返利，间接的送礼、资助旅游等。制药企业的贿赂行为会推高药品采购价格，而国家允许公立医院将药品在采购价基础上加价 15% 销售的政策，使得药品采购价格越高，获利越多，医院在利润驱使下也会默认和纵容这种商业贿赂行为。于是中国医疗机构的医生在药品购销方面，一方面收受制药企业的贿赂增加药品的采购；另一方面给患者小病大治、多开药、开贵重药，最终导致患者医药费用急剧上涨，药品收入在医疗卫生机构的总收入中所占比例加大，卖药收益成为医院和医生的主要收入来源。中国政府从 2005 年开始反思公立医疗机构公益性淡化、过分追求经济利益所带来的不良后果。2009 年中国政府发布了新的医疗卫生体制改革方案，提出改革药品加成政策，实行药品零差率销售，逐步提高政府对医疗卫生事业的投入，适当调整医疗服务价格以体现医疗服务合理成本和技术劳务价值等。这些措施无疑是对之前错误的纠正，但

是各种弊端不易改变，制药企业和医院之间的商业贿赂案件屡见不鲜，直至
2013 年曝光了英国制药企业葛兰素史克的商业贿赂案，最终成就了中国反商
业贿赂史上 30 亿元人民币罚款的最高罚单。

综上所述，中国的医药管理制度的不完善，给制药企业创造了贿赂寻租
的动机和机会。制药企业通过贿赂相关的政府官员和医生，获取生产和销售
上的便利。由于贿赂关系，制药企业、政府官员和医院医生形成了一个利益
关系网，如图 5 – 1 所示。

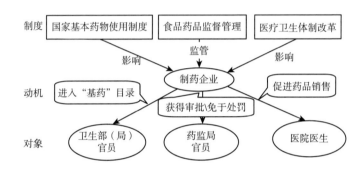

图 5 – 1　制度诱因下的制药企业商业贿赂

二、医药行业反商业贿赂的外部治理监管

我国没有专门的商业贿赂法案，对于商业贿赂的规定散见于各个法律层
级。相关的法律主要有《中华人民共和国反不正当竞争法》对不正当竞争行
为和《中华人民共和国招标投标法》对招投标行为的规范，以及《中华人民
共和国刑法》对行贿受贿罪的规定。此外，《中华人民共和国药品管理法》有
一部分对药品流通领域的商业贿赂行为的禁止性规定。1996 年，国家工商总
局颁布了《关于禁止商业贿赂行为的暂行规定》，作为《中华人民共和国反不
正当竞争法》的配套规章之一，对商业贿赂行为作了界定。但是，中国政府
对商业贿赂行为开始真正重视和专门治理始于 2006 年，源自美国德普公司天
津子公司商业贿赂事件 2005 年曝光带来的震动。德普天津子公司向中国的医
院和医生行贿以推销医疗器械产品，因违反了美国的《反海外腐败法》受到

美国司法部的惩处，但却免于中国的法律制裁，凸显了中国商业贿赂监管的尴尬。于是中国政府把反商业贿赂作为 2006 年反腐败工作的重点，2006 年 2 月发布了《中共中央办公厅、国务院办公厅关于开展治理商业贿赂专项工作的意见》，成立了专门的中央治理商业贿赂领导小组。该领导小组在 2007 ~ 2008 年以发布指导意见的形式，对商业贿赂的界定和治理作出相应规定。2008 年最高人民法院、最高人民检察院发布了《关于办理商业贿赂刑事案件适用法律若干问题的意见》，明确了商业贿赂的法律适用和罪名确定问题。

中国政府的反商业贿赂行动始于医疗行业贿赂行为的曝光，自然医药和医疗器械购销成了商业贿赂监管的重点领域。早在 1990 年，国务院成立了纠正行业不正之风办公室（简称"纠风办"），监察各行业的不良行政或服务行为。2000 年由国务院纠风办牵头创立了全国纠正医药购销不正之风部际联席会议制度，2009 年该联席会议又增加了卫生部为牵头单位，成员单位现发展到九部委，包括国家卫生计生委、国家发展改革委员会、工业和信息化部、财政部、人力资源社会保障部、商务部、税务总局、工商总局和食品药品监管总局。该联席会议以发布专项治理工作实施意见的方式，共同执法和联合监管医药购销领域的违法行为。历年实施意见中就商业贿赂行为监管的明确规定有 2006 年开展治理医药购销领域商业贿赂专项工作，2013 年和 2015 年深入治理医药购销领域商业贿赂。除了联席会议成员单位的共同监管，作为国务院机构改革前中国医药卫生系统领导机构的卫生部，更是肩负医药购销领域商业贿赂行为的主要监管责任。2006 年 4 月，卫生部成立了治理商业贿赂领导小组，并协同国家中医药管理局在 2006 年 4 月和 12 月发布了《卫生部、国家中医药管理局关于开展治理医药购销领域商业贿赂专项工作的实施意见》《卫生部、国家中医药管理局关于建立健全防控医药购销领域商业贿赂长效机制的工作方案》，由此开始了全国范围大规模的医药卫生系统商业贿赂行为的自查自纠和严肃查处。2010 年 6 月，卫生部又发布了《卫生部关于进一步深化治理医药购销领域商业贿赂工作的通知》，提出加大查办医药购销领域商业贿赂案件力度，建立医药购销领域商业贿赂不良记录，并抓好防控商业贿赂长效机制各项制度的落实。2013 年底，国家卫生和计划生育委员会对

原卫生部 2007 年制定的《关于建立医药购销领域商业贿赂不良记录的规定》
进行了修订完善，并在 2014 年下发专门通知布置该规定的落实工作。该规定
主要内容是对医药购销领域有商业贿赂行为的医药生产经营企业及其代理人
实行记录在案、对外公开和两年禁入的处罚措施：各省级卫生计生行政部门
会在政务网站公布其商业贿赂不良记录，并在公布后一个月内报国家卫生计
生委。对一次列入当地商业贿赂不良记录的医药生产经营企业及其代理人，
本省级区域内公立医疗机构或接受财政资金的医疗卫生机构在不良记录名单
公布后两年内不得购入其药品、医用设备和医用耗材，其他省级区域内公立
医疗机构或接受财政资金的医疗卫生机构两年内在招标、采购评分时对该企
业产品作减分处理。对 5 年内两次及以上列入商业贿赂不良记录的，全国所
有公立医疗机构或接受财政资金的医疗卫生机构两年内不得购入其药品、医
用设备和医用耗材。此外，作为治理商业贿赂的主要行政执法部门，国家工商
总局自 2013 年 8 月至 11 月在全国范围内开展不正当竞争专项治理行动，严厉查
处打击医药购销、医疗服务等重点行业和领域招投标过程中的商业贿赂行为。

第三节　　医药行业反贿赂舞弊的内部控制制度

打击商业贿赂不仅需要国家层面的规范约束，更需要相关机构和单位的
内部控制，以形成防范治理的合力，发挥更大的效用。而医药购销交易的自
然属性决定了医院及其医务工作者往往是贿赂的索取者和接受者，处于贿赂
"黑金链条"的终端。如果被行贿对象主观上不愿意、客观上不能接受贿赂，
那么贿赂行为就无从发生。因此，从受贿方入手，医院药品采购建立一套严
格的反受贿内部控制制度，将是防范打击医药购销领域商业贿赂行为非常重
要的一项制度管控。公立医院属于事业单位，其内部控制依据《行政事业单
位内部控制规范（试行）》的规定，目标包括合理保证单位经济活动合法合
规、资产安全和使用有效、财务信息真实完整，有效防范舞弊和预防腐败，
提高公共服务的效率和效果。可见，反受贿目标导向的医院药品采购内部控
制制度建设，也符合行政事业单位内部控制需保证单位经济活动合法合规，

以及有效防范舞弊和预防腐败的总目标。然而笔者通过资料收集和实地调研访谈发现，国内医院药品采购较少有以反受贿为目标的系统性内部控制制度，目前也少见这方面的专门化研究。本书据此分析了医院药品采购流程有受贿风险的环节及常见贿赂形式，提出了针对性的控制目标，并借助风险矩阵分析的方法提出了相应的控制方法。

一、医院药品采购业务流程及贿赂分析

（一）医院药品采购业务流程

国家为规范药品采购秩序，对药品实行以省（区、市）为单位的网上集中采购，由政府组织统一招标，医院按照招标价格进行采购。在医院科室层面，医生综合临床用药需求后，编制用药清单、提出用药申请，交由科室主任，经审核后上报药剂科。在部门层面，药剂科复核申请，确认后向药房采购下达采购通知，由药房采购人员联系医药企业予以采购。药品进入医院后，由医院药房统一管理、销售、发放。除此之外，在新药购入和药品调整的遴选方面，国家规定需要由医院领导、科室主任组成的药事管理与药物治疗学委员会/组（以下简称"药事会"）进行审核，国内医院对此多实行药事会成员投票表决的方式。此外，国家要求医院药品实行分类采购，具体采购方式如表5-4所示。

表5-4 药品类型及采购方式

药品类型	采购方式
基本药物、非专利药品	公开招标，中标价采购
部分专利药品、独家生产药品	多方谈判，谈判价采购
对妇儿专科非专利药品、急（抢）救药品、基础输液、临床用量小的药品、常用低价药	集中挂网，直接采购
临床必需的、用量小的、市场供应短缺的药品	招标定点生产，议价采购
其他特殊用药	按现行规定采购

资料来源：整理依据国务院办公厅. 国务院办公厅关于完善公立医院药品集中采购工作的指导意见 [EB/OL]. http：//www. gov. cn/zhengce/content/2015 – 02/28/content_9502. htm，2015 – 02 – 28.

（二）药品采购可能的贿赂环节及形式

从表5 - 4 中可以看出，国家对常用药实行了统一招标的集中采购，有利于减少医药采购中的腐败行为。但制药企业在中标后只是获得了市场准入的资格，为达到销售药品目的仍需要做医院的公关工作，靠折扣、赞助费等"竞争"以争夺最后的订单（邹建锋，2004）。医院内部各环节可能存在相关的贿赂主要有：为确保药品进入医院，贿赂药事会成员，尤其是医院院长；为确保药品列入采购清单、开具处方，贿赂临床医生；为通过采购审批、及时下达采购通知，贿赂科室主任、药剂科主任；为确保及时采购、支付货款，贿赂药房采购。具体如图5 - 2 所示。这条贿赂的利益链条，使得医生开"大处方"，医药代表根据卖出的药品数量给医生送回扣。

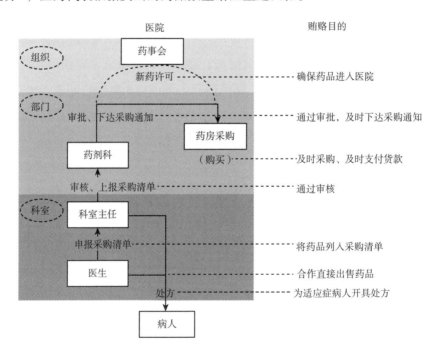

图5 - 2　医院药品采购流程与贿赂目的

随着回扣这种贿赂方式逐渐被人们熟知以及受到越来越多的监管，近几年学术营销、捐赠营销成为医药制造行业新兴贿赂方法，尤以学术营销广受诟病。学术营销是制药企业赞助举办学术会议，承担医生参会费用并支付酬劳。笔者统计了2008～2017年10年中上市医药公司披露的会务费信息，发现单独披露会议费信息的医药公司样本量为317个公司年度，这些医药公司通常会把会议费统计到销售和管理费用中。会议费最高的是2013年的中新药业，宣传会议费高达8.69亿元，占当年销售收入的14.47%，占销售和管理费用之和的56.71%。317家医药公司会议费的均值也有7480万元之多。由于2008年和2009年单独披露会议费的医药上市公司只有3家，图5-3列示了上市医药公司2010～2017医药费占销售收入比例、医药费占销售管理费用比例的变动趋势。从图5-3中可以看出，2013年之前，医药上市公司的会议费总体上占销售收入的4%、销售和管理费用的12%以上。在2013年后会议费出现明显下降趋势，这与打击医药购销领域商业贿赂的专项治理活动兴起不无关系。

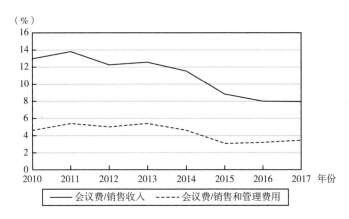

图5-3　医药上市公司2010～2017年会议费变动趋势

二、医院药品采购受贿风险内部控制目标及制度体系

就医药购销领域的商业贿赂行为进行内部控制，可以从贿赂提供者制药企业和贿赂接受者医院两个方面着手。葛兰素史克案件中，国家重惩商业贿赂的行贿者制药企业，由此使得制药企业在确保合规经营方面做了较大改善。例如葛兰素史克在2013年之后推行了全新的薪酬体系，销售团队激励与医生处方量挂钩，逐渐停止对参加学术会议的专家支付费用（俞钢、李海霞，

2014）。医药企业都加强了合规培训的投入，培训内容更加严格，企业合规团队人员增加，地位也得到了提高（王映，2015）。越来越多的企业设置了合规执行官，负责设计守法程序培训，监督管理各种规范的合规问题，促使企业员工持续地遵守相关法律法规。但是，由于历史原因，我国对于商业贿赂中的受贿方处罚相对较轻，在医药购销领域受贿方通常是医生及所属医院。本书认为，商业贿赂的防范需要从贿赂供给和需求两端加以防治，以医院为代表的医疗机构，也应健全内部控制制度，以彻底阻塞贿赂缺口，减少贿赂机会。如果医生收受贿赂，医药公司的贿赂成本就会转化为虚高的药价，医生给病人开"大处方"，导致病人过度医疗，从而造成病人对医院的信任度和好感度下降，医院声誉受损，医患关系紧张，最终威胁到医院的长期健康发展，损害医院的根本利益。因此，医院从自身长远利益考虑，也有动机加强商业受贿风险的防控。

医院药品采购受贿风险控制的总体目标是确保药品采购程序的合法合规，降低药品采购的受贿风险，提高药品采购资金的安全性和贿赂监督的有效性。基于经典的 COSO 委员会内部控制框架，本书建议采取医院药品采购的反受贿内部控制制度体系，各项控制制度从属于 COSO 内部控制框架的五要素，具体如表 5 - 5 所示。鉴于风险评估是实施控制活动的前提，控制活动反映了风险评估的结果，因而表 5 - 5 中没有单独列示风险评估相关的控制制度。本书建议的各类医药反受贿风险的内部控制制度也参照了《行政事业单位内部控制规范（试行）》的要求，以及各级政府部门发布的诸多相关法规和通知要求。表 5 - 6 也列示了这些法规和通知的名目，并按照监管的内容做了分类。总体而言：（1）控制环境要素下的控制制度主要涉及组织管理和员工评价，从思想认识和利益动机方面正确引导医务人员，旨在形成反受贿的风气环境；（2）归属于控制活动要素的控制制度主要从实物（药品）流、资金流、人员流、信息（处方）流四个方面动态进行药品采购的受贿风险控制，降低贿赂舞弊的发生机会，提高其发现概率；（3）医药采购受贿风险控制的结果需要信息公开，作为与利益相关者沟通的方式有助于实现外部监督。反过来，医院内部监督各项控制活动的实施效果，也需通过信息公开赢得利益相关者的满意和信任。本书建议的相关控制制度只是基准要求，各医院可根据实际情况再做补充。表5－5还列示了各项控制制度的具体控制目标，合规、透明、安全、有效是这些目标的关键词，也与《行政事业单位内部控制规范（试行)》提出的控制目标相一致。

表5－5　　　　　　　医院药品采购反受贿内部控制制度体系

控制要素	控制制度	控制目标
控制环境	《医务人员医德医风行为准则与考评办法》	提高医生反贿赂的道德意识和受贿风险成本，形成反贿赂的医院文化氛围
	《医务人员绩效考核及奖惩制度》	医务人员收入不与药品销售收入挂钩，控制医药费增长，消除"以药养医"的受贿动机
	《医院药事管理的组织规范及工作制度》	明确药事管理机构的职责权限，通过制度管理规避受贿风险
控制活动	《医药采购预算管理制度》	规范药品采购预算的制定、审批和执行，确保采购预算编制合理合规，审批程序完备和执行严格
	《医药采购及验收管理制度》	确保药品采购方式和供应商选择合规，验收制度科学健全，通过流程控制规避受贿风险
	《医药采购资金管理与会计核算制度》	规范医药采购的成本核算和付款安排，通过资金管理规避受贿风险
	《医药采购人员岗位设置及轮岗制度》	进行不相容职务相分离、授权审批控制，通过人员管理规避受贿风险
	《医院及医务人员接受捐赠资助管理办法》	控制"公益捐赠"和"学术营销"形式的受贿风险
	《医药信息管理系统使用规定》	保证医药信息的安全性，防范监控商业目的"统方"行为
	《重点药品用量监控操作指南》	监控药品的过量采购和使用，消除"以药养医"的受贿动机
	《处方点评及医生约谈制度》	监控单张药方的药品数量和价格，避免医生开"大处方"，消除"以药养医"的受贿动机
	《医药代表接待及备案制度》	加强医药代表的信息管理和行为约束，规避潜在的贿赂行为
信息与沟通	《药品采购价格及费用公示报告制度》	提高医药采购信息的透明度，促进信息沟通与受贿监督
	《药品购销廉政报告制度》	公开医药购销的贿赂事件、涉案人员和处理结果信息，促进信息沟通与受贿监督

续表

控制要素	控制制度	控制目标
监督活动	《医药购销内部审计制度》	通过内部审计的检查报告，确保反受贿内部控制制度的有效性
	《医药购销贿赂举报监督制度》	健全医药购销贿赂的质疑、举报、投诉渠道与管理制度，确保处理及时有效

表 5 - 6　　　　与商业贿赂相关的适用于医疗机构的监管制度

内容分类	制定机构	发布时间	法规名称
反贿赂	全国人大常委会	1993 年 9 月/ 2017 年 3 月	《反不正当竞争法》及修订草案
	国家医药管理局	1993 年 10 月	《医药行业关于反不正当竞争的若干规定》
	国家工商行政管理局	1996 年 11 月	《关于禁止商业贿赂行为的暂行规定》
	全国人大常委会	1997 年 3 月/ 2006 年 6 月	《刑法》及《刑法修正案（六）》
	卫生部、国家中医药管理局	2006 年 4 月	《关于开展治理医药购销领域商业贿赂专项工作实施意见》
	卫生部、国家中医药管理局	2006 年 12 月	《关于建立健全防控医药购销领域商业贿赂长效机制的工作方案》
	卫生部	2010 年 6 月	《关于进一步深化治理医药购销领域商业贿赂工作的通知》
	卫计委	2013 年 12 月	《关于建立医药购销领域商业贿赂不良记录的规定》
	卫计委、国家中医药管理局	2013 年 12 月	《加强医疗卫生行风建设"九不准"》
药事	全国人大常委会	2001 年 2 月	《药品管理法》
	国务院	2002 年 8 月	《药品管理法实施条例》
	发改委	2004 年 9 月	《集中招标采购药品价格及收费管理暂行规定》
	国务院纠风办等	2010 年 6 月	《药品集中采购监督管理办法》
	卫生部、国家中医药管理局、总后勤部卫生部	2011 年 1 月	《医疗机构药事管理规定》

续表

内容分类	制定机构	发布时间	法规名称
药事	国务院办公厅	2015 年 2 月	《关于完善公立医院药品集中采购工作的指导意见》
	卫计委	2015 年 6 月	《关于落实完善公立医院药品集中采购工作指导意见的通知》
	国务院办公厅	2017 年 1 月	《关于进一步改革完善药品生产流通使用政策的若干意见》
医务	卫生部	2006 年 11 月	《处方管理办法》
	卫生部、国家中医药管理局	2007 年 4 月	《医疗卫生机构接受社会捐赠资助管理暂行办法》
	卫计委、国家中医药管理局	2014 年 11 月	《关于加强医疗卫生机构统方管理的规定》
	国务院办公厅	2015 年 5 月	《关于城市公立医院综合改革试点的指导意见》
	中共中央办公厅、国务院办公厅	2016 年 11 月	《国务院深化医药卫生体制改革领导小组关于进一步推广深化医药卫生体制改革经验的若干意见》
人事	全国人大常委	—	《执业医师法》
	卫生部	2007 年 2 月	《医师定期考核管理办法》
	卫生部、国家中医药管理局	2007 年 12 月	《关于建立医务人员医德考评制度的指导意见（试行）》
	卫生部、国家食品药品监管局、国家中药管理局	2012 年 6 月	《医疗机构从业人员行为规范》
财会	卫生部	2006 年 6 月	《医疗机构财务会计内部控制规定（试行)》
	卫生部	2006 年 6 月	《卫生系统内部审计工作规定》
	财政部	2010 年 12 月	《医院会计制度》
	财政部、卫生部	2010 年 12 月	《医院财务制度》
	卫计委、发改委、财政部等	2015 年 10 月	《关于印发控制公立医院医疗费用不合理增长的若干意见的通知》

注：已废止的相关法规和每年更新的通知文件未列入，法规发布时间按照修订的最新版为准。

三、药品采购受贿风险内部控制具体活动

医院药品采购受贿风险的具体的控制活动如表5-7所示。其中，采购预算管理是医院药品采购的起始环节，医院应采取"先预算，后计划，再采购"的采购原则，根据临床用药需求和集中采购模式进行采购预算，按照批复的预算编制采购计划，实现预算控制计划，计划控制采购，消除预算不实造成的贿赂空间。采购执行作为最不易被监管的环节，特别需要强调采购方式的合法合规性。采购验收是药品采购受贿风险的初级防范环节，需加强人员的独立性和流程的规范性，严格审核药品实物与采购文档是否相符，保证采购资金的安全性。采购监督作为药品采购受贿风险的高级管理环节，应在完善医院法人治理结构的框架下，形成内部审计、纪检监察、监事会"三位一体"的大监督机制，提高履行监督检查责任的能力，取得医药采购反受贿的监控实效。

表5-7　　　　　　　　医院药品采购受贿风险内部控制的具体活动

控制环节		控制目标	控制措施	责任岗位	控制时间	控制证据
采购预算	预算编制	采购预算编制合理合规	(1) 设立清单交药学部门集中讨论；(2) 设立药事会进行药品采购审查；(3) 建立医院科室、部门、组织的沟通协调机制	药事会、药学部门	每年/采购时	(1) 采购预算编制证明文件；(2) 科室、药事会会议记录
	预算审批	采购预算审批程序完备	(1) 建立完整的审批程序；(2) 建立逐层逐级审查机制；(3) 明确审批责任	药事会、医院领导、科室主任	每年/采购时	(1) 采购审批制度；(2) 审批人员签名
采购执行	采购方式确定	药品实施分类采购，采购方式合规	(1) 严格按照药品分类采购制度采购；(2) 建立采购执行规范	药学部门采购人员	采购时	(1) 采购审批文件；(2) 采购执行规范
	采购具体实施	按照合同内容执行采购，采购信息公开	(1) 与药品生产配送企业签订明确合同；(2) 规范医药代表行为；(3) 及时公布采购执行信息	药学部门采购人员	采购时	(1) 采购信息记录及汇总；(2) 采购合同；(3) 医药代表交流会议记录

续表

控制环节		控制目标	控制措施	责任岗位	控制时间	控制证据
采购验收	采购验收	验收管理制度健全，验收过程科学	（1）成立专门验收小组；（2）检查药品厂商、类型、规格、数量、质量是否与采购清单、合同是否一致、发货清单、收据发票是否齐备；（3）验收人员与采购人员独立	药学部门采购人员和验收人员	采购时	（1）采购清单、合同；（2）采购票据；（3）药品验收管理制度；（4）药品验收证明
	采购付款	按合同规定付款，资金流入流出与采购实际符合	（1）规范付款流程，明确付款人责任，审核相关文件凭证后进行付款；（2）进行付款过程控制和跟踪管理；（3）严格遵循合同规定时间、方式付款	药学部门采购人员和财务部门	采购时	（1）采购合同；（2）付款记录与凭证；（3）付款政策及管理制度
采购监督	监督检查	监督检查制度健全，监督检查内容全面	（1）建立采购各环节规章制度；（2）对采购环节中可能的受贿现象有明确的防范与处罚措施；（3）监督检查机构的职责权限明晰；（4）及时公布检查结果；（5）出现问题及时合理解决	内部审计、纪检监察、监事会、理事会等	采购时/不定期/每年	（1）采购的内部审计、财务、监察制度；（2）审计工作底稿和监督检查记录；（3）内部审计和监察报告
	受贿质疑、举报与投诉处理	受贿质疑、举报、投诉处理制度健全，处理及时有效	（1）明确规定受贿质疑、举报、投诉答复工作的职责权限和工作流程；（2）积极展开贿赂调查，及时答复，必要的信息公开	内部审计、纪检监察、监事会、理事会等	不定期/每年	（1）受贿举报与投诉处理流程规范；（2）处理记录文档；（3）举报保密制度与处理结果公告

人事管理和信息管理是控制医药采购受贿风险的重要领域。对于人事管理而言，医院可以采取以下措施降低受贿风险。一是聘用和提拔合适的医护人员。对于医生这一事关他人性命的职业而言特别需要诚信正直，高尚的医德比精湛的医术更为重要。医院对医生在聘用时必须要进行背景调查，对于有过受贿历史的列入黑名单，在一定时期内不予聘用或晋升。二是定期对医生进行组织文化和医德培训，培养医生反受贿的意识，将医生的清廉品行作

为个人业绩考核标准之一，此外，给医生提供有竞争力的薪酬，也有助于减少医生的受贿动机。三是贯彻古老但依然重要的牵制制度——不相容职务相分离，因为多种不相容职务集于一身仍然是舞弊案件中的常见问题（谭丽丽、罗志国，2017）。当权力没有足够的约束时最容易产生腐败，贿赂舞弊的风险也随之加大。不相容职务的分离，例如授权、执行和收款的权力分割，既可以相互制约，也加大了舞弊者串通的难度。四是强化内部监督机制。美国的萨班斯法案有明确的举报规则，要求企业必须完善道德热线平台的控制程序。对于医院这样的非营利组织，通过举报制度监督医生的受贿舞弊行为以净化就医环境也是非常必要的。在信息管理方面，首先，医院用药信息应该有严格的内部查阅控制，以免被医院代表作为贿赂的统方依据；其次，医院的信息系统应该加强网络安全管理，避免主数据被篡改以掩盖舞弊行为这样的情形发生；最后，医院应配备专门人员加强对用药信息的管理分析，或者培训现有员工的数据分析技能，对医院的购销业务进行定期检查，对于异常交易信息进行跟踪审计，以及时发现贿赂舞弊的线索。

第四节　本章小结

医药购销领域的商业贿赂行为对医疗服务的质量提高、医患关系的和谐构建和卫生事业的健康发展都有着严重的危害。这一问题已成为阻碍我国医疗改革的痼疾，引起了社会的广泛关注。医院及其医务人员作为药品采购方，在商业贿赂行为中通常属于索贿和受贿者，整治医药购销领域的商业贿赂行为，加强对受贿方的监管是必不可少的。新形势下我国政府反腐败加强党政廉政建设，经济反贿赂严厉打击商业贿赂行为，医药购销领域作为商业贿赂的"重灾区"，是扭转行业不正之风、推进医疗制度改革的监管重点。本章依据国家有关医药管理的多项政策法规，分析了医院药品采购流程及可能的受贿环节，讨论了医院进行受贿风险评估的必要性和工具方法，建议制定相应的内部控制制度及控制目标。从受贿风险的防范和控制角度，探讨了医院药品采购受贿风险的内部评估和控制制度的建设问题，涵盖采购预算、采购执行、采购验收和采购监督多个方面，强调了人事管理和信息管理对于控制医药采购受贿风险的重要性。随着智慧医院信息化管理平台的逐步发展，医院药品采购贿赂暴露风险加大。而葛兰素史克贿赂案后国家对商业贿赂处罚力度加大，医院药品采购贿赂的法律风险也加大，因此，我们有理由相信医院行业的商业贿赂行为会伴随制度完善和技术进步而逐渐减少。

对于一般意义上各类组织反商业贿赂的内部控制，本书建议完善如下制度。（1）组织领导者必须具有战略眼光，立足组织的长远发展，创建诚信守法的组织文化，提高组织内部以及组织与外部利益相关者沟通信息的透明度、真实性和公允度；（2）健全组织内部的舞弊控制制度，特别是完善权力使用和监督制度，贯彻落实最基本的权力制衡和牵制制度，与其相信人性不如相信制度，以法治代替人治，防止人性的贪婪软弱穿越制度漏洞贻害无穷；（3）内部控制坚持全面防范降低组织风险，对于商业贿赂给组织带来的各种风险及其严重程度必须予以充分评估，借助先进的技术手段和科学的管理方法提高风险评估的有效性，安全信息系统和合理监督体系是内部风险控制必备要素；（4）当组织出现贿赂行为后，组织必须甄别内部控制的薄弱环节，找到内部控制失效的原因，通过改变控制活动或程序来降低贿赂行为再次发生的风险，组织也需加大在贿赂风险控制方面的投入，例如设立合规部门和合规执行官，加大反贿赂舞弊方面的宣传培训；（5）依照萨班斯方案的要求，建立健全举报监督机制，鼓励组织成员举报贿赂舞弊事件，严格执行举报信息保密制度，保护举报人的人身财产安全，对举报投诉信息进行及时的追踪调查，重视举报热线在贿赂舞弊发现方面的重要作用。

第六章
商业贿赂的治理：内部审计
视角的案例分析

第一节　内部审计治理职务舞弊的责任和优势

商业贿赂是一种职务舞弊行为。职务舞弊是指具有一定职务身份的人利用职务上的便利条件，以不正当手段为自己或他人谋取利益，并对国家、集体及他人的合法权益构成威胁或造成损失的行为的总称（尹作亮，2008）。全球注册舞弊审查师协会（Association of Certified Fraud Examiners，ACFE）则定义职务舞弊是组织中的官员、董事或员工违背对组织资源和资产的受托责任，从组织内部损害组织利益的一种舞弊行为，并将职务舞弊分为三种，分别是资产挪用、腐败和财务报表舞弊。其中，腐败的表现形式包括利益冲突、贿赂、非法赠予和经济勒索。因此，商业贿赂显然归属于腐败这种职务舞弊行为，并且是腐败的主要表现。基于 ACFE 对 2016 年 1 月～2017 年 10 月全球125 个国家 23 个行业 2690 个职务舞弊案例的分析，资产挪用最普遍，但是给企业造成的损失最低，财务报表舞弊反之，腐败的普遍性和损失危害程度都居中。在亚太地区，最常见的职务舞弊是腐败行为。

鉴于职务舞弊给组织带来的巨大损失，组织有动机监察防止职务舞弊的发生。内部审计对于查处职务舞弊有"责无旁贷"的职能要求和"舍我其谁"的天然优势，对商业贿赂的防范治理自然也是内部审计的应尽之责。

一、内部审计有反职务舞弊的责任

按照内部审计准则规定，内部审计以促进组织完善治理、增加价值和实现组织目标为目标，在审查和评价组织的业务活动、内部控制和风险管理的适当性和有效性时，应当关注被审计单位业务活动、内部控制和风险管理中的舞弊风险，对舞弊行为进行检查和报告。可见内部审计的主要职责虽然不包括舞弊监督，但是舞弊会影响内部审计目标的实现，内部审计要尽责履职，就不能对职务舞弊袖手旁观。我国内部审计协会2013年发布的《内部审计具体准则第2204号——对舞弊行为进行检查和报告》就内部审计的防弊职责作了详细规定。全球知名的内部审计咨询机构甫瀚咨询（Protiviti）发布的《2018年内部审计能力与需求调查》报告显示，舞弊风险位列内部审计计划优先关注事项的首位，舞弊风险管理更是被纳入年度内部审计计划最频繁的项目。依照梁晟耀（2013）的论述，内部审计部门在反舞弊工作中的主要职责是：（1）受理公司管理人员违规和舞弊问题的举报；（2）在风险评估基础上开展舞弊审计；（3）根据管理层委托开展舞弊调查，对调查属实的违规或舞弊问题报告管理层进行处理；（4）对舞弊发生后的补救措施及整改情况进行后续审计；（5）向管理层及董事会报告舞弊事项及查处情况。

我国《内部审计具体准则第2204号——对舞弊行为进行检查和报告》将舞弊行为分为损害组织经济利益的舞弊和谋取组织经济利益的舞弊，其差别在于：一是实施主体不同，前者是组织内外人员，后者是组织内人员；二是利益动机不同，前者是为了自身利益损害组织合法利益，后者是为了谋取组织不当利益。依照我国第2204号内部审计准则的分类，职务舞弊是组织内部人员所为的损害组织经济利益的舞弊行为，属于组织舞弊行为的一部分，如图6-1所示。因此，内部审计履行反舞弊职能必然需要监督职务舞弊。职务舞弊是组织成员以损害组织利益为代价谋求个人利益，必然受到组织利益相关者的抵制，因此，内部审计对职务舞弊的查处在组织层面具有高度的合法性和合理性，符合内部审计促进组织完善治理、增加价值和实现目标的根本目标。如果内部审计不能有效地监督职务舞弊行为，就不能保证组织内部控制和风险管理的有效性，势必危害组织的长期可持续发展目标。

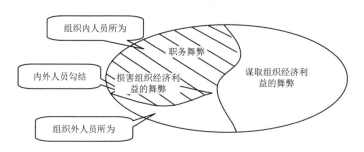

图 6-1　我国内部审计准则要求关注的舞弊类型与职务舞弊的关系

二、内部审计有反职务舞弊的优势

从舞弊的发现来看，ACFE 2018 年报告显示，企业发现职务舞弊最常见的方法前三位是举报、内部审计和管理层审查，这三种方法占所有舞弊发现案例的68%，其中，40%的案例企业通过举报发现职务舞弊，15%的案例通过内部审计发现。而就最普遍的举报而言，举报人最常见的身份是内部雇员，占比53%，然后是客户和供应商。因为职务舞弊的实施者和举报者都主要是组织内部雇员，那么内部审计作为组织内部的监察审计单位，相比外部审计对于舞弊者更为熟悉，是最合适的职务舞弊监督者。而且从实务的传统来看，职务舞弊的三种类型中，资产挪用和腐败一直以来都不是外部审计关注的重点。外部审计是财务导向的（Lenz et al.，2014），主要负责监督财务报表舞弊，对财务报告发表审计意见。即便后来监管要求外部审计对内部控制发表审计意见，例如，我国于 2010 年发布了《企业内部控制审计指引》，也仅限于财务报告相关的内部控制，而对非财务报告内部控制的重大缺陷只是注意到后与企业沟通和披露。对于资产挪用和腐败这样的职务舞弊行为，其审计监督主体只能是内部审计部门。内部审计职责上也要求全面关注组织风险，而外部审计只关注财务报告风险（郑小荣，2006）。至于独立性最高、权力最大的国家审计，无疑对职务舞弊这样的经济犯罪行为具有更高效的监督治理作用，然而国家审计的审计对象是国有资产和国企高管，在职务舞弊的监督企业类型上有限制，内部审计对职务舞弊的监督则广泛存在于各类型组织基层。

从舞弊的预防来看，职务舞弊在被发现之前总有一段持续期。ACFE 2018年报告显示，发生职务舞弊的案例公司其舞弊行为的持续期中值是 16 个月。舞弊被发现得越晚，舞弊给组织带来的危害也越大。为了降低职务舞弊给组织带来的损失，对职务舞弊有防微杜渐的事前预防机制就相当重要。依据ACFE 报告结果，企业对职务舞弊控制的常用方法及其在案例公司中的运用比例具体如表 6 - 1 所示。就排名前三位的职务舞弊控制方法而言，借用管理学中著名的赫茨伯格"双因素理论"，笔者认为，制定雇员行为准则只是职务舞弊控制的"保健"因素，审计才是职务舞弊控制的"激励"因素，通过积极主动的查处行为消除舞弊隐患，改进内部控制。在审计时机把握上内部审计也具有较强的灵活性，能够进行职务舞弊的专项审计和突击审计，对职务舞弊予以实时监督，更有助于实现事前预防的反舞弊功能。学者们的研究也提供了相关的经验证据。例如，普拉维特等（Prawitt et al.，2009）、王守海等（2010）实证了内部审计能减少财务报告的盈余管理行为；科拉姆等（Coram et al.，2014）发现有内部审计部门的公司对资产挪用舞弊有更多的揭发和自我报告；伊格（Ege，2015）验证了内部审计质量与公司管理层的不端行为倾向负相关。

表 6 - 1 企业常用的职务舞弊控制方法

控制措施	使用比例（%）
制定雇员行为准则	80
财务报表外部审计	80
设置内部审计部门	73
管理层对财务报表负保证责任	72
对财务报告内部控制进行外部审计	67
管理层审查	66
热线举报	63

控制措施	使用比例（%）
独立的审计委员会	61
实施雇员支持项目	54
推行反舞弊政策	54
对雇员进行反舞弊培训	53
对经理/主管进行反舞弊培训	52

资料来源：Association of Certified Fraud Examiners. 2018. Report to the nations：2018 global study on occupational fraud and abuse［EB/OL］. https：//www. acfe. com/report – to – the – nations/2018/.

综上所述，内部审计对职务舞弊的监督具有"天时""地利""人和"的优势。"天时"是指依据历史传统职务舞弊的主要类型都是内部审计关注的重点，内部审计更有经验；"地利"是指职务舞弊的实施者和举报者都是组织内部人，内部审计在预防、发现和处理职务舞弊方面具有充分的内部信息优势，内部审计更有效率；"人和"是指职务舞弊损害组织利益，因而会得到组织利益相关者的重视和支持，内部审计更有效果。

第二节　内部审计反职务舞弊的困境

内部审计对职务舞弊的监督尽管有优势，但也有不可回避的劣势。其劣势首要源自内部审计的独立性缺陷，从而造成舞弊审计工作陷入一些根本性的原则问题困境。内部审计准则的相关规定存在瑕疵和技术发展产生的挑战，进一步加剧了内部审计的反舞弊困境。

一、最高管理层参与职务舞弊时内部审计面临的抉择困境

组织最高管理层实施职务舞弊的情况在现实中是存在且危害深重的。根据 ACFE 2018 年的调查报告，职务舞弊的实施者身份为普通雇员的占比44%，担任经理的为34%，作为企业所有者或首席执行官的占比19%。职务舞弊者所担任的组织职务显著地影响了其舞弊方式、舞弊损失和舞弊结果，呈现以

下特点：（1）舞弊者的职务和舞弊损失规模有强烈的正相关关系。ACFE 调查的案例企业中，舞弊者如果是企业所有者或者首席执行官，其舞弊损失的中位数达到 850000 美元，是经理舞弊造成损失金额的 6 倍，是雇员舞弊损失金额的 17 倍。这反映出高级别的舞弊者有更大的权力和更多的渠道侵害组织资产。（2）舞弊者的职务与舞弊行为持续时间正相关。ACFE 的调查结果显示雇员舞弊平均持续 12 个月后被发现，经理舞弊持续 18 个月，而企业所有者或首席执行官的舞弊行为在持续 24 个月后才会被发现。这表明高级别的舞弊者有更高的技术能力掩盖舞弊，也可以用自己的权威长期隐瞒他们的罪行。（3）舞弊者职务越高，越会与他人合谋舞弊。企业所有者或者首席执行官的舞弊 66% 是与其他人合谋，而其他人实施舞弊合谋的比例是 45%。这可能是因为身居高位的权力拥有者很少自己直接从事实际业务活动，他们实施职务舞弊行为更多是"授意"下属去执行。合谋舞弊意味着有更多的人参与舞弊，为保证有足够的舞弊利益在舞弊者之间分配，合谋舞弊给企业造成的经济损失就会更大。（4）舞弊者在组织中的职务越高，受到的处罚越轻。如表 6－2 所示，ACFE 调查的案例企业中，舞弊者为企业所有者或首席执行官的，被解雇的比例远低于普通雇员，没有受到任何处罚的比例则远高于普通雇员。对照（1）发现，舞弊者职务越高给企业造成的损失越大，受到的处罚却偏轻。这一不公平现象折射出职务是舞弊者的"保护伞"，舞弊者很可能利用其职务带来的权威影响了舞弊处理结果，组织在处理舞弊者时"柿子只捡软的捏"进行了选择性执法。

表 6－2　　　　　　　　　职务舞弊者的职务与处罚类型　　　　　　　　　单位：%

职务	解雇	达成和解协议	自行离开	允许或要求辞职	试用或停职	没有处罚
所有者/首席执行官	44	18	15	16	7	12
经理	67	12	12	11	8	5
雇员	72	10	10	8	8	3

资料来源：Association of Certified Fraud Examiners. 2018. Report to the nations：2018 global study on occupational fraud and abuse ［EB/OL］. https：//www. acfe. com/report－to－the－nations/2018/.

依据内部审计准则，内部审计的目标是"促进组织完善治理、增加价值和实现目标"，又规定"内部审计机构应当接受组织董事会或者最高管理层的领导和监督"。那么，当最高管理层是职务舞弊行为的策划和实施者时，内部审计人员该如何选择呢？内部审计应该从组织长远利益出发制止最高管理层的舞弊行为？还是服从最高管理层的领导，对其舞弊行为保持缄默？从规定来看，内部审计受最高管理层的领导和监督，无权监督最高管理层。那么谁来监督最高管理层的舞弊行为？准则要求内部审计全面关注组织风险，以风险为基础组织实施内部审计业务。准则又要求内部审计在舞弊风险评估时考虑管理人员品质不佳、管理人员遭受异常压力可能造成的舞弊行为。如果内部审计要全面关注组织风险，对舞弊风险履行检查和报告的职责，那么当内部审计关注到最高管理层可能参与实施了舞弊行为时，内部审计该向谁报告这一舞弊行为，谁又会授权支持内部审计进行舞弊检查呢？我们都知道内部审计部门或人员对本单位最高管理层很难进行监督。如果对最高管理层的舞弊行为内部审计不能履行检查和报告的职责，那么内部审计如何实现降低组织风险的工作目标呢？或者说，所有者和首席执行官这些最高管理层是否就可以代表组织？内部审计的终极服务对象是谁？是组织还是组织的最高管理层？这一困境是经典的内部审计独立性问题，如今我们需要格外关注，是因为最高管理层的职务舞弊给组织带来的危害已不容忽视。

二、内部审计反舞弊职责扩大和权力有限的矛盾困境

内部审计发展到今天，其职责和工作范围不断扩大，功能不断延伸，在组织内部的地位上升到公司治理的四大"基石"之一（贺颖奇、陈佳俊，2006；李曼，2014），成为关键的公司治理机制之一（Paape et al.，2003；Burton et al.，2012）。首先，内部审计的性质从财务导向审计为主，转型为财务审计和以内部控制和风险管理为导向的管理审计并重发展（Cooper et al.，2006；王兵等，2013）；其次，内部审计的目标从查错防弊发展为兴利增值（时现等，2011），内部审计的职能作用从确认监督转为确认监督和咨询建议并重；最后，内部审计全面参与组织治理与价值创造，既要评估管理组织风险，又要维护组织文化道德（贺颖奇、陈佳俊，2006；Sarens and Beelde，

2010)，最终要促成组织目标实现。就舞弊而言，查错防弊是内部审计的传统目标，但是有别于以往防弊侧重于财务舞弊，现阶段的防弊扩展到各种职务舞弊，特别是国内外社会层出不穷的贪污舞弊充分说明了这一目标并未过时（王光远、严晖，2010)，而是有了更多新的内容。

随着内部审计责任的增长，对其独立性和客观性的要求也在增长。恰当的权力分配有助于保障内部审计的独立性和客观性。但是我们一方面看到内部审计承担了越来越多的职责；另一方面却发现内部审计人员在组织内部似乎并没有被赋予足够的权力。当前，我国上市公司的内部审计部门主要隶属于董事会或审计委员会（王兵等，2013)。但是审计委员会在内部审计方面的权力很小，其对内部审计工作相关事宜往往只具有指导、监督、审议的权力，某种程度上类似于决策咨询机构（李明辉，2009)。克里斯托弗等（Christopher et al.，2009）对澳大利亚公司的调查也发现，审计委员会没有任命、解雇和评价首席审计执行官的单独权力，从而威胁内部审计部门的独立性。以舞弊而言，我国《内部审计准则第 2204 号——对舞弊行为进行检查和报告》也表明，内部审计对舞弊的检查报告除了评估风险、设计程序、沟通报告结果的职责外，享有的权利似乎只有建议权，就舞弊的检查范围和处理意见给管理层提供建议。在职务舞弊的处理上，ACFE 调查发现对舞弊人员采取法律行动的公司逐年减少，最主要的原因首先是公司害怕名誉受损；其次是认为内部惩罚足够多了。这样的观念和做法反映出企业文化和价值观是有缺陷的，内部审计对企业文化没有起到维护改进的作用与其权力受限不无关系。甫瀚咨询《2018 年内部审计能力与需求调查》也显示，首席审计执行官和内部审计人员都将企业文化评为最需改进但是自身能力水平最低的领域。可见，就反舞弊的文化建设而言，内部审计人员有心无力。总之，内部审计部门的权力和职责不对等，产生的后果是审计范围受限、意见效力有限。而且如果内部审计人员的职业发展受制于高管，内部审计负责人任免由高管决定，内部审计在职务舞弊的检查发现方面就存在利益冲突，内部审计职责更不可能有效发挥（王兵等，2013)。

三、内部审计准则舞弊类型界定有歧义产生的审计范围困境

前面已述，我国内部审计准则将内部审计需检查和报告的舞弊按照与组织经济利益的关系分为两大类：损害组织经济利益和谋取组织经济利益的舞弊。笔者认为，这种分类表述是有一定问题的。如果这种分类是以舞弊者的动机命名，那么组织成员的舞弊行为主观上不会是纯粹为了损害组织经济利益而实施，更准确地表达应该是，组织成员的舞弊主观上是为了谋取个人经济利益而客观上损害了组织经济利益。也就是说，组织成员的舞弊按照动机分为两种：谋取个人经济利益的舞弊和谋取组织经济利益的舞弊。如果内部审计准则对舞弊的分类是以舞弊的后果来命名的，笔者认为其结果只有损害组织经济利益这一种，即事实上不存在组织成员舞弊的最终结果是为组织谋取到经济利益。舞弊行为可能短期内帮助组织获利，长期内必然是损害组织经济利益的，因为任何舞弊行为终究会被发现曝光，而图一时之利的非法舞弊会为监管机构所不容，为公众所不齿，损害组织信任、声誉等长期利益。

退一步说，即便谋取组织经济利益的舞弊这种说法是可行的，那么内部审计能够对这种舞弊行为尽到检查和报告的审计职责吗？既然此类舞弊行为是为了谋取组织经济利益，那旨在"促进组织完善治理、增加价值和实现目标"的内部审计与之在目标上就存在一致性，内部审计没道理反对这种舞弊，对其予以检查报告。即便内部审计认识到这种舞弊的本质是损害组织利益的，但是组织高管层面未必这样认为，这种谋取组织经济利益的舞弊之所以发生，很可能是得到组织高管的支持、允许或者至少是不反对的，内部审计对这种舞弊行为的查处就又会陷入前面所述的第一种困境。因此，本书认为我国内部审计准则对组织舞弊的分类表达不科学，有可能误导内部审计的反舞弊职能发挥。

四、内部审计反舞弊数据分析功能强大和应用程度低的矛盾困境

当前全世界的企业都在积极应对技术形势变化，探索业务数字化转型发展之路。如果内部审计部门不能紧跟技术创新步伐，将数据分析和机器人技

术融入其审计实务，很可能无法满足组织高管希望内部审计人员提供数据分析支持组织目标和战略的预期，从而面临淘汰风险。而且内部审计部门如果不懂得运用数据分析，对企业的风险管理和内部控制评估也是有百害而无一利的。ACFE 2018 年的调查报告显示，数据分析和突击审计是最有效的反职务舞弊工具，能显著降低职务舞弊行为的存续期，最大限度地减少职务舞弊损失。然而，表 6 – 1 列示的企业常用的职务舞弊控制方法都是较为传统的方法。主动采用数据分析监控职务舞弊的企业因占比排名靠后没有列示在表6 – 1 中，它们在 ACFE 调查的全球案例企业中占比 37%，而在亚太地区这一比例降为 32%。数据分析在反职务舞弊调查中除了应用普及率较低这一缺陷外，还表现为应用成熟度相对低水平。甫瀚咨询 2018 年的调查结果表明，数据分析在内部审计中的应用仍处于早期阶段。内部审计部门更倾向于将数据分析工具用作单点解决方案，仅限于完成特定项目和任务，而非将其纳入覆盖范围更广的审计计划和应用于整个审计流程，更没有将数据分析计划作为一种长远的内部审计战略。主要原因是内部审计部门面临相关技能缺失的窘境，表现在对数据分析技术的理解和运用，以及对数据和商业智能知识的掌握等方面。

第三节　内部审计反职务舞弊的困境解决对策

就内部审计在反职务舞弊方面的困境，笔者认为可以从以下四个方面着手解决。

一、明确内部审计终极负责对象，持续推进国家审计全覆盖

我国内部审计的基本准则规定内部审计机构应当接受组织董事会或者最高管理层的领导和监督，本书认为内部审计受最高管理层领导和监督是不恰当的。因为根据代理理论，董事长、首席执行官这样的最高管理层也有个人利益和组织利益冲突的可能，所以会出现最高管理层职务舞弊、掏空公司这样的恶性事件，例如伊利集团前任董事长郑俊怀挪用 2.4 亿元公款。笔者认

为，内部审计不应对组织中的个人负责，组织的所有者或者股东相比最高管理层更能代表组织利益，内部审计应该最终对组织所有者或者股东及其代表机构董事会负责。历史上，内部审计出现的初衷是维护公司股东的权益（张杰明，1995）。其具体实现路径是：（1）内部审计部门只受董事会及其下设的审计委员会领导，内部审计部门向董事会提交审计报告，也需在定期召开的股东大会上提交审计报告。（2）当内部审计人员合理怀疑组织最高管理层参与了职务舞弊给组织带来严重损失，或者最高管理层凌驾、阻碍内部审计的反舞弊调查时，内部审计负责人或者内部审计领导机构审计委员会有权提议召开临时股东大会。（3）内部审计准则、监管规则和公司章程需对上述事项予以明确规定，并且应出台内部审计舞弊检查面临利益冲突时的处理指引，以对内部审计人员的独立性起到一定的保护作用。

对于国有企业，在国家审计全覆盖的政策指引下，对国有资产和国企高管经济责任履行情况进行国家审计，将有力弥补内部审计独立性缺陷，构筑起反职务舞弊的内部审计、注册会计师审计和国家审计的审计三道防线。国家审计和内部审计可以互相协助，提升反职务舞弊的审计监督效力，特别是对于高管腐败这一职务舞弊行为，国家审计背后强大的公权力监督执法体系能完满解决舞弊高管凌驾于内部控制和内部审计这一公司治理的致命问题，促进国有企业的健康发展。2018年3月，党中央决定改革审计管理体制，组建中央审计委员会。笔者认为，为了更好地发挥内部审计和国家审计在职务舞弊监督方面的协同作用，中央审计委员会应成为国有企业审计委员会的职能领导机构，作为国家审计和国有企业内部审计之间的常规交流平台，建立不受国有企业高管人员干预的业务指导、技能培训和举报投诉渠道。

二、提升内部审计地位，赋予内部审计机构和人员适当的舞弊监督决策权

我国内部审计准则规定，预防、发现及纠正舞弊行为是组织管理层的责任。内部审计人员在实施的审计活动中关注可能发生的舞弊行为，并对舞弊行为进行检查和报告。管理层和内部审计人员对舞弊行为承担的责任不同，

决定了其权力分配和角色定位不同。以当前现实情况来看，内部审计在公司治理中通常扮演"董事会助手"的角色（王光远、瞿曲，2006；时现等，2011），服务于公司的高管和董事会（Venter and Bruyn，2002），体现为在权力分配上是建议权为主，决策权为辅。内部审计对董事会和高管履行咨询职能为主，而对中下层的管理人员和普通员工履行监督职能为主。奥加拉（2009）认为，内部审计不是公共会计师的替补，扮演加强公司治理的角色。与王光远和瞿曲（2006）的观点类似，笔者认为如果内部审计只是在较低层级的受托责任关系中发挥监督作用，那么就不属于公司治理范畴，不能发挥对舞弊的治理作用。因为公司治理主要解决的是企业所有者（股东）和高管层之间的委托代理问题，高管层的职务舞弊贻害更大。所以尽管内部审计对组织中的舞弊行为不负主要责任，但是内部审计既然是公司治理的重要组成部分，需要对组织的财务真实、经营合规、风险管控、目标实现等多方面要求承担责任，也就应给予其较大的权力便于工作的协调和开展。否则内部审计工作总是要等最高管理层的批示同意，可能延误了查错防弊的最佳时机，何况最高管理层也可能是舞弊的参与者，内部审计履行职责就更为被动和受限，失去存在的价值。对于内部审计地位和权限，笔者的建议如下：（1）为了避免高管把内部审计人员看作为他们工作的，向审计委员会报告只是满足公司治理要求的一种形式（Drent，2002），内部审计不应定位于"助手"，而是应定位于"伙伴"（李越冬，2010）。但是，如果内部审计机构被过多地认为是"伙伴"时，会给内部审计师造成额外的间接压力，他们可能被迫和管理层更紧密地工作以实现"共同目标"，而不是作为一个独立实体提供风险管理、控制和治理方面的确认意见（Christopher et al.，2009）。因此，笔者认为内部审计机构和高管层之间的关系可以定位于"战略伙伴"，共同服务于组织发展目标，对股东负责，但是当其中一方的行为违背公司长远发展战略时，这种伙伴关系可能就会破裂。特别是对于职务舞弊审计，内部审计机构应定位于对管理层是监督者而不是咨询者角色。（2）查普曼（Chapman，2001）认为，内部审计在组织的独立性应该体现为自由决定审计范围，开展审计工作不受干扰。鉴于国情，笔者认为内部审计机构可以就舞弊的检查范围和处理意见给管理层提供建议，管理层如无特殊原因需要尊重内部审计机构的建议意见，如不予采纳，必须在董事会上书面陈述理由且征得全体董事人数超过 2/3 的投票同意。（3）内部审计部门的领导机构审计委员会鼓励完全由独立董事组成，审计委员会和内部审计负责人有高管不参与的定期沟通渠道，便于内部审计人员陈述一些可能涉及管理层的问题（Goodwin and Yeo，2001）。（4）为了避免内部审计部门和高管之间的利益冲突，参照克里斯托弗等（2009）的发现和李明辉（2009）的建议，笔者认为内部审计计划和审计预算的制定都由内部审计部门独立完成，提交审计委员会批准，报备董事会。内部审计部门负责人的任免由审计委员会决定，审计委员会负责内部审计部门人员的业绩评价，并对内部审计部门负责人薪酬和晋升有提议权，报董事会决定。

三、重新审视内部审计准则对舞弊类型的设定

当前我国内部审计准则对组织的舞弊行为在两大类下又分为七个小类，ACFE 对三种职务舞弊也有详细的"舞弊树"列示具体表现。笔者据此对照这些次级分类，归纳两者关系如表 6 - 3 所示。从表 6 - 3 中可以看出，无论损害还是谋取组织经济利益的舞弊，除了语焉不详的"其他……舞弊行为"和"从事违法违规的经营活动"，七个小类从表现形式看基本可以和 ACFE 职务舞弊的三种分类相对应。因此，笔者认为我国内部审计准则规范的舞弊实质上是职务舞弊，可以直接借鉴 ACFE 对舞弊的定义和分类，依照表现形式而不是按照意图或目的对舞弊分类。2017 年财政部修订《企业会计准则第 22号——金融工具确认和计量》，对金融资产分类的改变也是类似的思路。笔者认为对舞弊类型的重新界定可以避免前文所述的分类名称产生的歧义，也有利于准则更好地指导实务。首先，以贿赂为例，根据现有准则，行贿属于"谋取组织经济利益的舞弊"，受贿属于"损害组织经济利益的舞弊"，这种划分割裂了贿赂行为一体双面的完整性，使得组织成员可能区别看待行贿和受贿行为。特别是"谋取组织经济利益的舞弊"的提法很可能迷惑组织高管，降低对"谋取组织经济利益的舞弊"的危害性认识，导致对此类舞弊行为审计的重视不够。其次，如果内部审计人员确信某种舞弊行为是为组织谋取经济利益，内部审计为组织增加价值的目标设定和独立性不足的局限，会使得

内部审计人员对此类舞弊行为不能发挥有效的审计监督作用。最后，意图或目的并不等于结果，长远来看，舞弊行为不会为组织谋取到经济利益，只会危害组织利益。奥加拉（2009）认为，商业贿赂和操纵投标就是典型的此类舞弊，而且管理层纵容商业贿赂的行为给为了公司利益的舞弊转化为个人损害公司利益的舞弊进程开启了一扇大门。"谋取组织经济利益"的提法，容易误导部分潜在舞弊者认为如果是为了组织利益舞弊，其行为"情有可原"可能会受到组织偏袒，因此，在被发现和处罚方面受到宽容和优待，从而客观上滋长了舞弊行为。

表 6 - 3　　　　　ACFE 和我国内部审计准则对舞弊的分类比较

ACFE 对职务舞弊的分类	我国内部审计准则对舞弊的分类	
	损害组织经济利益的舞弊	谋取组织经济利益的舞弊
腐败	（1）收受贿赂或者回扣	（1）支付贿赂或者回扣
资产挪用	（2）将正常情况下可以使组织获利的交易事项转移给他人	（2）出售不存在或者不真实的资产
	（3）贪污、挪用、盗窃组织资产	
	（4）使组织为虚假的交易事项支付款项	
	（5）泄露组织的商业秘密①	
财务报表舞弊	（6）故意隐瞒、错报交易事项	（3）故意错报交易事项、记录虚假的交易事项，使财务报表使用者误解而作出不适当的投融资决策
		（4）隐瞒或者删除应当对外披露的重要信息
		（5）偷逃税款②
	（7）其他损害组织经济利益的舞弊行为	（6）从事违法违规的经营活动
		（7）其他谋取组织经济利益的舞弊行为

注：①ACFE 的"舞弊树"中没有明确列示泄露商业秘密一项，本书认为商业秘密是能给企业带来经济利益的财产权利，性质类似于无形资产。泄露商业秘密等同于盗窃企业的资产。

②ACFE 的"舞弊树"中对财务报表舞弊的分类是净资产/净利润的夸大和低估，本书认为偷逃税款是企业的舞弊目标之一，其实现方式是通过净资产/净利润的低估，偷逃税款必然伴随财务造假，因此，将偷逃税款对应到 ACFE 职务舞弊中的财务报表舞弊分类。

资料来源：中国内部审计协会．第 2204 号内部审计具体准则——对舞弊行为进行检查和报告［EB/OL］. 2013. http：//www. ciia. com. cn/cndetail. html？id = 35603.

四、将数据分析技术应用于审计全流程，实现舞弊风险识别数据化

奥加拉（2009）认为，内部审计相比外部审计一个无法替代的优势在于可以基于信息技术驱动，持续监测和关注管理层受托责任履行情况，信息技术驱动的持续监控极大地增强了适时识别关键指标变化的能力，也增强了识别存在利益冲突的管理层贪污舞弊的能力。为了更有效地控制降低职务舞弊风险，内部审计职能应适应形势发展要求，向数据化和科技化方向发展，对职务舞弊的发现线索获取从被动依赖举报转向主动应用数据分析，改进内部审计工作防范职务舞弊的效率和效果。第一，内部审计部门应建有自己的数据库或类似专用环境以获取企业数据，搭建数据分析平台，开发或购置数据分析的审计软件，为开展数据驱动的内部审计做好基础准备工作，将数据分析功能嵌入内部审计工作流程和软硬件系统中，通过必要性和可行性分析在审计预算报告中列示其成本收益，争取组织的财务支持和资源投入。第二，大数据的分析技术，使得审计模式从抽样审计转向总体审计，有利于对数据进行多角度的深层次分析，发现更多隐藏在细节数据中有价值的审计线索（秦荣生，2014）。内部审计人员应学习掌握大数据分析新技能，综合运用结构化数据、文本、网页、多媒体、社交网络分析等数据分析技术发现审计疑点（郑伟等，2016）。第三，内部审计部门应对可疑线索或异常信号设定明晰的参考标准和条件，并制定明确的信息报送制度，确保相关异常现象和信号依据重要性原则和及时性原则，予以应有的关注调查，制订实施数据驱动的专项审计计划。第四，内部审计报告应充分体现数据分析成果，运用数据可视化工具呈现审计结果，提高审计报告的科学性、可读性和有用性，以赢得组织高管对内部审计技术手段改进的支持。

对职务舞弊风险的监察，防患于未然比亡羊补牢更有效。在对舞弊风险的识别和评估方面，"红旗标志"是最常用的工具，可以帮助内部审计人员充分挖掘可能发生舞弊的迹象（徐菁菁，2009）。参考罗姆尼等（Romney et al.，1980）的定义，贿赂风险"红旗标志"是可能导致管理层或员工从事贿赂行为的事件、条件、压力、机会或个人特征等。内部审计部门应结合组织

实际情况，通过利益相关者访谈、行业对标和制度文献学习的方法，基于数据分析建立量化的红旗标志清单，并在自有数据系统中设置自动报警功能，一旦某项数据指标达到红旗标志的警戒线，系统自动发送风险警示信息。ACFE 调查发现职务舞弊者最常见的六个行为红旗标志是：（1）住所超出平均水平；（2）财务困难；（3）与某位客户或供应商非比寻常的亲近；（4）额外的控制或不愿分担职责；（5）最近离婚或家庭问题；（6）一意孤行从事狡猾的或不道德行为。85% 的舞弊者显示出至少其一的红旗标志。我国第2204 号内部审计具体准则——对舞弊行为进行检查和报告（以下简称"准则"）给出类似的内部审计人员舞弊审计需考虑的异常事项：（1）管理人员品质不佳；（2）管理人员遭受异常压力；（3）业务活动中存在异常交易事项；（4）组织内部个人利益、局部利益和整体利益存在较大冲突。笔者认为准则给出的标志事件具有高度原则性，但在实践应用中可操作性相对较低，建议准则今后修订给出更为详细的事项说明。而且舞弊的实施者不只是管理人员，准则只提及管理人员品质和压力是不全面的。笔者建议的舞弊红旗标志及相应数据分析方法如表 6 - 4 所示。

表 6 - 4　　　　　　　组织成员舞弊风险识别的红旗标志及数据分析

红旗标志类型	红旗标志具体事件	内部审计的数据来源	数据分析类型
组织成员个人特征	成员品行不端及恶习	成员背景调查资料、社交网络及个人发布的多媒体信息	文本分析、社交网络分析、多媒体分析
	成员异常财产变动及奢华开销	成员社交网络及个人发布的多媒体信息	社交网络分析、多媒体分析
	成员家庭变故及财务压力	成员社交网络及个人发布的多媒体信息	社交网络分析、多媒体分析
业务活动中异常交易事项	招投标违规（投标单位的资质异常、招投标文件审批手续不全，中标原则不清晰）	招投标档案、工作场所监控设备	文本分析、多媒体分析
	日常管理流程违规（权限被绕过或凌驾）	内部控制网上管理系统、工作场所监控设备	网页分析、多媒体分析

红旗标志类型	红旗标志具体事件	内部审计的数据来源	数据分析类型
组织成员个人特征	财务违规，隐瞒错报经济事项（异常会计凭证、财务数据）	财务管理系统及档案	结构化数据分析、网页分析、多媒体分析
	合同异常变更（关键条款不明晰、变更对象不合理）	合同档案、工作场所监控设备	文本分析、多媒体分析
组织成员利益冲突	与某位客户或供应商往来密切并给予特殊待遇，或者突然换掉长期合作的客户或供应商	业务数据、工作场所监控设备、背景调查、社交网络及个人发布的多媒体信息	结构化数据分析、文本分析、社交网络分析、多媒体分析

第四节　内部审计反商业贿赂的案例研究

内部审计治理商业贿赂可以减少企业的经济损失，降低经营合规性风险，为企业创造价值，但是现有研究多停留在理论分析缺乏相关经验证据。本书选取了民营房地产上市公司世茂集团作为案例研究对象，分析评价其反贿赂内部审计的措施与效果并提出改进建议，对民营控股企业内部审计、舞弊审计、房地产行业商业贿赂治理的理论和实务都具有重要的意义。

一、民营企业进行反贿赂内部审计的动因

民营控股和国有控股企业因产权性质不同而内部审计特点不同，谭劲松等（2003）对此有较详细的比较分析。民营控股企业的内部审计很少开展舞弊审计，更不用说反贿赂的舞弊审计。依据中国内部审计协会2012年对9287家民营控股企业内部审计的调查发现，内部审计人员经常开展的审计项目是内控审计、财务审计、合规审计，占比分别为26.9%、16.7%、11.7%，而

舞弊审计和风险审计仅占比 3.7% 和 2.0%。与之相对照的一组数据来自《2016 中国企业家刑事风险分析报告》，2016 年腐败犯罪的案件总数 609 件，涉案人数 715 人，其中，国有企业 199 人，民营企业 516 人。由此可见，民营控股企业面临较高的贿赂法律风险，但是民营控股企业反舞弊内部审计的开展现状远不能适应形势需要。那么民营控股企业在什么情况下会开展反贿赂内部审计呢？国内主要用代理理论加以解释。我国民营控股企业普遍具有所有权与经营权集中于创始人或创始人家族的家族化治理倾向（贺俊，2008），从而管理层与股东之间的代理问题相对较弱。民营控股企业的内部审计主要是解决企业内部因分权管理造成的代理问题，即公司规模和分支机构的数量造成管理层次增多、上下级委托代理关系变得复杂而产生的信息不对称和利益冲突（李曼、施建军，2012）。当中下层管理者和员工贿赂腐败的机会主义行为增多，对企业造成的利益损害增大到高层管理者无法容忍时就会有反贿赂的内部审计需求。

另外可解释企业内部审计动因的理论是制度同构理论。迪马乔和鲍威尔（DiMaggio and Powell，1983）提出组织受到监管规则的约束，他们必须遵守以确保其合法性从而获得组织生存必需的资源。由于制度压力组织通常采取与相同环境中其他组织相似的组织方式，他们以三种方式维持这种同构性：强制性同构、模仿性同构和规范性同构。阿瑞娜和阿佐恩（Arena and Azzone，2007）通过对意大利公司的调查发现，同构性压力对公司是否支持内部审计有显著影响。就民营控股企业而言，笔者认为，首先，民营控股的上市公司相比非上市公司受到更多制度约束，对包括商业贿赂在内的舞弊行为进行内部审计具有强制性同构的特征。其次，政府强制性的规定为民营企业内部审计工作的规范性奠定了基础，原则上有助于取得一定的审计成效。但是如果民营控股企业自身没有内部审计的需求，则强制性规定并不能发挥实质性作用。内部审计成效的发挥还依赖于其他公司特征。例如知名民营企业家可能更注重组织的认知合法性问题，对于反贿赂内部审计基于模仿性同构动因会更为支持，以使自己更合法和更成功。最后，大型民营控股企业有能力投入更多资源，增强内部审计工作的规范性同构。

总之，民营控股企业个体特征的异质性决定了其反贿赂内部审计必要性和可行性上的差异，代理理论和制度同构理论可以提供相关的解释，并且基于这些理论可以预测不同动因对反贿赂内部审计成效的影响方向，具体如图6-2所示。但是目前鲜见有关民营控股企业反贿赂内部审计成效的研究，也很少从制度同构理论角度进行理论分析。

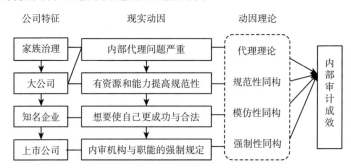

图6-2 民营控股企业反贿赂内部审计动因与成效关系的理论分析

二、研究方法与案例介绍

(一) 研究方法

企业没有披露内部审计工作措施和成效的法定义务。上市公司强制披露的内部控制评价报告中，有关内部审计的篇幅短、信息含量低，几乎不涉及舞弊审计，更勿论反贿赂审计。有关内部审计质量的实证研究，由于指标可量化的客观限制，很难反映企业内部审计的具体措施和成效，也很少深入舞弊审计这一分支领域。鉴于上述数据来源和度量方法上的限制，本书选取商业贿赂行为普遍被认为较严重的房地产企业，通过案例研究的方式一探内部审计如何治理公司商业贿赂行为这一研究领域的"黑洞"。案例研究对象选择世茂集团，是因为世茂集团为国内知名的、大型民营控股房地产上市公司，且世茂集团较为重视商业贿赂的内部治理及其成效宣传，较易获取相关的公开信息和数据，案例公司在反贿赂内部审计方面的经验做法和问题缺陷都具有一定的行业典型性。本书所引用的资料和数据主要来源于公司官网、公司报告、品牌宣传册和其他网络公开信息等，财务比率数据整理自国泰安数据库。

（二）案例介绍

1. 世茂集团发展概况及组织架构

世茂集团总部位于中国香港地区，内地运营总部位于上海，业务涵盖生态住宅、商业地产、旅游地产和产业集群四大板块，属于中国蓝筹地产企业。世茂集团是房地产行业唯一一个沪港双股上市的公司，即世茂房地产（0813）在中国香港地区上市，主营住宅和酒店的投资、开发和经营；世茂股份（600823）在上海上市，主营商业地产业务。集团愿景是成为中国房地产领域的领导者，使命是稳健经营、回报股东、关怀员工和社会责任，核心价值观是诚信、协助、创新和卓越。集团获得荣誉包括房地产上市公司十强企业、中国最受尊敬企业、中国企业社会责任杰出奖、亚洲管理最佳公司前 10 名等。世茂集团业绩在行业中处于领先地位，世茂房地产综合实力在 2016 年 198 家中国房地产上市公司排行榜中名列第 11 位。图 6 – 3 显示了世茂房地产、世茂股份两家上市公司近 10 年的净资产收益率指标（ROE）与房地产行业均值的比较，可以明显看到世茂集团的盈利能力较强，高于行业平均水平。

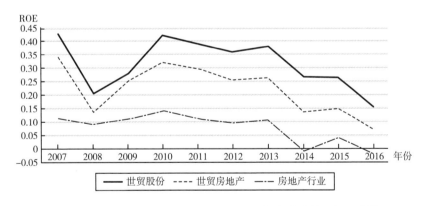

图 6 – 3 世茂集团 2007 ~ 2016 年 ROE 指标变动趋势及行业比较

依据世茂房地产和世茂股份 2016 年年报信息，世茂集团创始人许荣茂现任世茂房地产董事局主席兼行政总裁和世茂股份董事长，其子任世茂房地产董事局副主席，其女任世茂股份副董事长。创始人持有世茂房地产 67.64% 的股份，是旗下两家上市公司的实际控制人。因此，世茂集团是典型的具有家族化经营特征的民营控股上市公司。世茂集团围绕企业的主要业务类型和日常运营管理设置了较为全面的职能机构，各职能机构平行对董事会及其下设的执行委员会负责。执行委员会是公司董事会专设机构，由执行董事组成，在董事会闭会期间行使《公司章程》及董事会授予的职权。同时世茂集团房地产业务按照地区分部划分为九个区域，集团总部的主要职能机构直接领导各区域对口的营运部门。

2. 世茂集团内部审计部门概况

世茂集团内部审计部门监察集团及主要部门的内部控制成效，为集团的财务及营运管理活动提供独立风险评估，并向有关管理层提供建设性意见。审计部向董事会下属的执行委员会和审计委员会报告审计结果，管辖四个业务组和四个区域审计分部，具体组织架构如图6-4所示。区域审计部旨在将内部审计工作融入区域、项目各项日常管理中，实现更好的监督与服务。审计部与其他职能部门的关系是：审计部定期与不同高管举行会议以检讨评估风险，并商讨解决重大内部控制缺陷的办法，重新评定各项风险并制定应对计划。执行委员会审核风险评估结果，然后提交审计委员会及董事会审阅。董事会定期获悉内部审计结果，并会因审计委员会的推荐采取相应的行动计划。公司高层认为服务意识是最高的审计境界，内部审计的最终目的是帮助企业提高运营水平和财务管理能力。这与谭劲松等（2003）的论断一致，即民营控股企业更重视内部审计的服务职能。

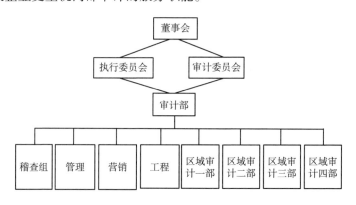

图6-4 世茂集团内部审计组织架构

3. 世茂集团反贿赂的内部审计治理措施

（1）完善落实制度规范，强化对员工的职业道德要求。在 2013 年政府新一轮反商业贿赂风暴掀起的背景下，世茂集团审计部陆续出台了 15 项相关制度规范，其中，最重要的是 2013 年 5 月颁布的《集团员工职业道德准则》。该准则结合房地产行业特点，从各角度规范员工所应恪守的职业道德。例如，要求集团员工不得在业务活动中向供应商、承包商、业务合作单位索要佣金、回扣、礼品，或要求供应商、承包商、业务合作单位为其家庭生活及出国等提供便利。2013 年 12 月，世茂集团审计部和人力资源部联名发布了《员工涉嫌严重违规及违反〈职业道德准则〉的调查和处理指引》和《集团员工重大违规行为》。前者赋予审计部查证、惩处舞弊的权力，后者明确了员工不能触碰的"红线"行为，一旦违规就将面临立即开除甚至移交司法机关的处罚。从 2013 年起审计部就在集团内部开展员工的职业道德与廉政教育，这一活动已成为新入职员工及晋升员工的必修课。

（2）进行反舞弊的宣传警示活动，支持企业行业领导的发展战略。创建高水准的道德文化氛围是降低舞弊风险的必要前提。与其立志成为我国房地产领域领导者的愿景相契合，在反舞弊方面世茂集团也走在前列，是国内首个以反舞弊为目标的民间非营利性合作组织——企业反舞弊联盟的 10 家发起人单位之一。反舞弊联盟成立于 2015 年 6 月，联盟成员单位通过共享不诚信职员名单的方式提高不诚信行为的社会成本，营造廉洁的商业环境。联盟成员现有 182 家公司，其中 42 家为房地产公司，占比 23%。客观上反映了房地产公司舞弊的普遍性和需要"自证清白"的迫切性。世茂集团作为首届轮值主席，审计部牵头于 2016 年在上海交通大学法学院组织召开了中国企业反舞弊联盟反舞弊调查专业委员会（华东）研讨会。此外，审计部自 2014 年 10 月起通过集团内部网站对典型的舞弊和职务犯罪案例进行连续专题报道，反舞弊海报也陆续在集团所有区域、项目办公室的醒目位置进行张贴。

（3）开展反舞弊的防范打击活动，引入举报和司法程序减少公司损失。道德操守遵从性风险一直是世茂集团关注的高风险领域之一。公司在日常费用报销、工程项目管理、材料采购、企划营销等易发生贿赂风险的领域都有相关的多项内部控制制度，审计部定期对这些内部控制运营的有效性点评打分，奖优惩劣。除了评估控制风险、制订落实审计计划和沟通报告审计结果外，为了使内部审计价值最大化，内部审计机构对每一个审计项目进行跟踪成为内部审计的必要程序（尹维劼，2015）。世茂集团审计部会在后续审计报告中对上期审计报告提及的整改情况进行再跟踪反映，也会定期编制审计项目后续整改跟踪表单，描述整改情况和给出整改审计结论。对于审计发现的职务舞弊，集团审计部得到董事长正式确认，无论涉及谁，不管职级多高，只要条件成熟就引入司法程序。审计部下设的稽查组，其成立目的是将审计部"从提升内控防范舞弊的一道铁闸，提升为集团用司法手段打击职务犯罪的一个铁拳"。集团在 2013 年聘请了上海市浦东新区人民检察院职务犯罪预防处处长作为集团"预防职务犯罪特聘顾问"，为反舞弊的司法协助治理创造了条件。集团审计部还通过多渠道接受贿赂腐败行为的检举，形成了"信箱、电邮、电话、微信、网站"五位一体的世茂集团内部举报通道。审计部制定了《信访举报和案件稽查工作管理办法》，承诺一定保障举报人绝对隐私。2015 年集团审计部收到的举报数量与 2014 年相比上升了 65%，举报已成为公司开展反舞弊审计获得线索的重要途径之一。

4. 世茂集团反贿赂舞弊内部审计的行业比较

（1）定性分析。综上所述，世茂集团反贿赂内部审计的主观动因，对应理论上的代理理论和制度同构理论，现实原因是解决内部管理分权产生的利益冲突和维护外部社会声誉和行业领导地位的需要。这一结论也可推广到整个房地产行业及其他企业。鉴于动因不可观测，除了直接的调查访问便只能由企业的行为推断，因此，本书通过房地产上市公司的反贿赂内部审计策略差异推断其动因的差异。在同行业公司选取上，为了最大限度地获取有关企业内部审计的相关信息，并且由于港股上市公司在 ESG 报告中有反贪污信息的相关披露，本书选取了既加入反舞弊联盟，又在中国香港上市的房地产公司，以员工人数作为主要标准，选取了规模最大和规模最小的公司各两家与世茂集团作对比。这样，样本公司选取保证了行业对比企业之间面临基本相同的外部环境和监管制度约束，可以控制强制性同构和模仿性同构因素，着重考察企业反贿赂内部审计的主观动因。通过查询这些公司 2017 年的年报、公司公告、ESG报告、社会责任报告、可持续发展报告等收集企业反贿赂舞弊审计的相关信息，具体如表6-5所示。总体上发现，公司披露的反贿赂审计信息详细程度在不同规模公司之间有显著差异，大公司披露信息较为详细、信息含量高，而小公司披露信息较为简单空洞，特别是在反舞弊联盟网站上的自愿披露。从而反映出加入反舞弊联盟的大公司措施多，也乐于展示自己的积极作为，规模较小的公司可能只是模仿从众行为，符合代理理论和制度同构理论的解释。具体而言：①五家房地产上市公司都设立了专门的内部审计机构，并且审计结果主要向董事会或者最高管理层报告，显示了公司高管对内部审计工作的高度重视。②世茂和万科都有反贿赂审计的总体方针，特别是万科更为系统化，表明企业高管对反贿赂工作从企业文化和公司战略的角度进行顶层设计。③贿赂风险评估是审计工作的重要一环，万科、碧桂园和禹州地产都有贿赂风险评估和预警机制，对高风险领域通过调查、审计和预防实现风险控制。世茂集团在贿赂风险评估和预警方面有待改进。④企业反贿赂内部审计常用辅助方式——培训教育和举报揭发，各家公司基本都有应用，特别是世茂和碧桂园在培训教育方式上更为多样化。对于贿赂舞弊主要的利益相关方——员工和商业合作伙伴（供应商和客户）也基本上都有制度约束，各企业也都有监察审计或者反舞弊管理的相关制度。此外，企业反舞弊联盟每年都会召开有关反舞弊技术的研讨会和培训会，上述企业作为成员通过参加会议的形式提高反舞弊审计技术，世茂、万科和碧桂园作为联盟轮值主席更是深度参与。对于反贿赂审计取得的成效，只有世茂集团作了较为详细的披露，有量化的指标，其他公司此方面信息披露缺失。

表6-5　　　房地产行业代表性上市公司的反贿赂内部审计措施

公司名称	世茂房地产	万科	碧桂园	中骏置业	禹州地产
员工人数（人）	8394	77708	124837	4657	4190
营业收入（亿元）	1007	2429	2269	161	217

续表

公司名称	世茂房地产	万科	碧桂园	中骏置业	禹洲地产
专设内部审计机构	审计部,工作结果向董事会执行委员会和审核委员会报告	监察审计部,直属监事会,工作结果直接向管理层报告	风控审计监察中心,日常业务直接向集团主席、副主席、总裁汇报,定期将业务成果向审计委员会汇报	审计监察部	内部审核部门,工作结果向董事报告
反贿赂审计方针	惩前毖后、治病救人	"不想、不能、不敢"三位一体的反舞弊体系,让员工做到"不贪、不假、不贿",建设"阳光照亮的体制"			
贿赂风险评估		员工与供应商廉情问卷调查,进行廉情风险监测和预警,对舞弊高发领域开展专项调查	定期对关键领域、流程舞弊风险点进行评估,将舞弊风险控制点作为标准审计方案的评价内容		对舞弊风险较高的业务环节进行风险预警,并作出相应预防措施
员工管理制度	《员工职业道德准则》《员工涉嫌严重违规及违反〈职业道德准则〉的调查和处理指引》《员工重大违规行为》		员工签署《廉洁协议书》《集团员工利益冲突管理规定》《集团员工职务行为管理规定》《集团员工违规违纪责任追究办法》	《员工行为守则》《员工廉洁自律作业指导书》	《员工廉洁自律承诺书》《员工行为管理规程》
商业伙伴管理制度	签订《廉洁协议》	签订《阳光合作协议》	签订《阳光合作咨询函》《供应商廉洁合作须知》	签订《廉政管理协议书》	

续表

公司名称	世茂房地产	万科	碧桂园	中骏置业	禹洲地产
其他审计相关制度	《信访举报和案件稽查工作管理办法》《集团问责管理办法（指引)》	建立了系统的内部控制及必要的内部监督机制	《集团监察工作暂行规定》《集团查处违规违纪案件办法》《举报违规违纪行为暂行办法》《举报奖励制度》《案件通报宣传管理办法》等	《监察管理作业指导书》《廉政管理作业指导书》	《反舞弊管理规程》
反贿赂培训教育	审计部开展反舞弊的系列宣讲；聘请专业人士做预防职务犯罪的宣讲；通过集团内网对典型的舞弊和职务犯罪案例进行连续专题报道；办公室张贴反舞弊海报	廉洁宣传、红线培训、廉政认证	新入职员工、经理必须参加廉洁文化培训；举办阳光文化节；通过集团学习平台、高管会议及中高层培训等途径定期对典型案例进行培训与宣传		全体员工必须参加有关防止贪污贿赂的培训
反贿赂举报	"信箱、电邮、电话、微信、网站"五位一体的举报通道	有专门的举报网站	专用邮箱和热线电话举报	专用邮箱、电话、网络、微信举报	实名举报

（2）定量分析。由于很难收集到公司反商业贿赂内部审计情况的数据，本书采用了变通的方式。港交所 2015 年 12 月发布了《环境、社会及管治报告指引》（以下简称《ESG 报告指引》），强制要求港股公司每年发布 ESG 报告，披露公司环境责任和社会责任履行情况，并把反贪污政策作为社会责任的一个子项目，要求公司披露有效防止贿赂、勒索、欺诈及洗黑钱的政策及遵守相关法规的资料。对此本书进行了小样本的实证检验，手工收集了港股房地产公司在 2016 年 ESG 报告中披露的反贪污信息及 2006 年年报数据，就房地产公司反贿赂成效与动因的关系做了如下的模型设计和回归检验：

$$Antibri = \partial_0 + \beta_1 Private + \beta_2 Employee + \beta_3 Private \times Employee + \beta_4 Size + \beta_5 ROE$$

$$+ \beta_6 History + \beta_7 Mainbus + \beta_8 Big4 + \varepsilon \qquad (6-1)$$

各变量定义及预期的回归系数符号如表 6-6 所示。①因变量 Antibri 是用港股房地产公司在 ESG 报告中披露的反贪污信息字数衡量公司反贿赂内部审计工作的成效。因为公司反贪污政策主要是通过内部审计监察予以落实，披露字数越多说明公司越重视，措施越周到，成效也越大。②自变量有四个。第一，Private 反映产权性质，从反贪污的受益者角度而言，民营控股企业相比国有控股企业有更强的动机反对内部腐败，所以应有更多的反贿赂措施和信息披露。第二，Employee 衡量代理问题，公司雇员人数越多，内部代理关系越复杂，依据代理理论高管反贿赂的动机也越强。民营控股和雇员人数的交乘项反映不同产权性质企业代理问题的严重性对企业反贿赂态度是否有差别，此外，本书还依据产权性质进行了分组样本的检验。第三，Size 和 ROE 代表公司规模和盈利能力，依据模仿性同构和规范性同构理论，大公司和盈利好的公司有意愿和条件投入更多资源提高反贿赂工作的规范性。不过在目前的研究中，盈利能力与公司贿赂倾向及金额的关系不确定。克拉克和徐（2004）发现当公司有更强的盈利能力时更可能行贿，斯文松（2003）发现官员索取的贿赂金额与公司的贿赂支付能力正相关；张等（Cheung et al.，2012）却发现业绩不好的公司支付了更多的贿赂。这样，相反的结果有两种理论解释：一是公司盈利能力强，有更强的贿赂支付能力，基于"内生的骚扰"理论也就被索贿更多；二是公司盈利能力强，有更多的资源来采取法律行动来保护自己，因而有较强的贿赂议价能力。如果是前者，公司盈利能力强发生的行贿更多，那么公司内部员工耳濡目染发生受贿贪污的可能性增大，公司反贪污贿赂的力度也会加大。如果是后者，公司盈利能力与行贿倾向及金额负相关，公司可能没有反贪污贿赂的必要性，也可能有更多资源投入内部反贪污贿赂。所以很难预测盈利能力与公司反贪污成效的关系。控制变量是公司上市历史、主营业务和审计质量。内在假设是公司的上市历史越长，可能使得公司有更多的经验遵循 ESG 报告要求，也可能"老奸巨猾"在信息披露上没有新上市公司认真。港股房地产公司的行业分类是地产建筑业，根据其主营业务又可分为地产、建筑和建材。由于业务关系，地产应比建筑和建材企业的贿赂问题更为严重，预期有更多的反贿赂措施。ESG 报告不需会计师事务所审计，但高质量的审计师可能对企业提供高质量的 ESG 报告给出咨询建议，所以预期"四大"审计与反贿赂报告的详细程度有正相关关系。

表 6 - 6 港股房地产上市公司反贿赂模型的变量设定

变量类型	变量名称	变量符号	变量释义
因变量	反贿赂	Antibri	公司在 ESG 报告中披露的反贪污信息字数
自变量	民营控股	Private	如果公司是民营控股企业设为 1，否则为 0
	雇员人数	Employee	公司员工人数
	公司规模	Size	公司期末总资产的自然对数
	盈利能力	ROE	期末净利润/所有者权益
控制变量	上市历史	History	公司上市日至 2016 年资产负债表日天数
	主营业务	Mainbus	公司主营业务是地产的为 1，否则为 0
	审计质量	Big4	"四大"审计的为 1，否则为 0

注：港股房地产公司年报货币单位有人民币、港币和新加坡元，以千或百万计。笔者依据 2016 年 12 月 31 日的汇率折算为人民币，对财务数据统一以百万计。

描述性统计表明，港股房地产公司 ESG 报告中有关反腐败的信息字数均值和中位数是 300 字和 247 字，员工人数均值和中位数分别是 7402.559 人和 589 人。世茂房地产公司反腐败信息字数 273 字，员工人数 7880 人，总体高于行业水平。限于篇幅本书直接报告回归结果如表 6 -7 所示。全样本检验结果发现雇员人数和产权性质与企业的反腐败信息披露不相关，但两者的交乘项系数显著为正。分组样本的检验结果也表明民营控股企业的雇员人数与反腐败信息披露显著正相关，即民营控股企业的确会更为重视内部代理问题引致的腐败贿赂问题。这与民营企业深受腐败贿赂之苦，民营企业在反贿赂资金投入方面自由度更大，民营企业更需要向外界沟通树立反贿赂的形象不无关系。Size 和 ROE 的回归系数为正但不显著，说明对于样本公司而言，公司规模和盈利能力对于反贿赂成效具有微弱正向影响，公司反贿赂动因用模仿性同构和规范性同构理论解释力不强。

表 6 - 7 港股房地产上市公司反贿赂模型的检验结果

变量	因变量：Antibri		
	全样本	民营控股	国有控股
Private	−41.9380 (−1.32)	—	—
Private × Employee	0.0056 *** (6.54)	—	—
Employee	−0.0006 (−1.59)	0.0051 *** (5.37)	−0.0004 (−0.87)
Size	−0.2140 (−0.03)	1.3063 (0.13)	0.9863 (0.07)
ROE	27.5977 (0.56)	22.9582 (0.41)	61.5787 (0.53)
History	−0.0036 (−1.10)	−0.0039 (−1.03)	−0.0006 (−0.10)
Mainbus	33.6303 (1.15)	12.6804 (0.36)	85.8679 (1.62)
Big4	48.7131 * (1.86)	39.8583 (1.32)	67.5190 (1.25)
常数项	282.5157 *** (4.54)	249.5703 *** (4.17)	202.4299 * (1.79)
F 值	8.48	10.26	1.77
修正的 R^2	0.0640	0.0704	0.0133
观测值	253	193	60

注：*** 、* 分别表示在 1% 、10% 水平上显著，括号内数字 T 值经过异方差检调整。

除了港股上市公司强制披露 ESG 报告可提供公司反腐败信息数据外，前面提到的世茂集团加入的反舞弊联盟，其官网各成员公司也披露了各自的反贿赂舞弊措施。这一自愿披露的信息更能反映公司真实的反贿赂态度。39 家房地产公司中披露反贿赂信息的字数均值是 212 字，世茂集团披露了最多的信息达 2161 字，然后是碧桂园 1541 字和万科 587 字。

三、案例分析与讨论：反贿赂内部审计成效及其成因

（一）反贿赂内部审计的成效

世茂集团内部审计部门的反贿赂审计服务于企业的内部管理，较好地实现了为企业增加价值的目标。其增值作用，一是表现为减少了公司的经济损失。2013 年以来，审计部按照查处的事实和根据相关制度，处罚违反职业道德准则的员工逾 80 人，开除 16 人。集团针对工程、成本、营销、企划等职能部门中的索贿受贿、职务侵占等犯罪行为进行了强力打击，截至 2015 年 4 月底，有 29 人被刑事拘留，12 人被批准逮捕，涉及公司员工或前员工 17 名。在引入司法程序后，内部审计部门也为案件提供了人证物证，推动案件审理，为集团挽回经济损失逾 1500 万元。二是促进了公司内部控制制度的有效执行。舞弊的防范治理需要内部控制制度和内部审计制度相辅相成共同发挥作用。从审结的案件来看，商业合作单位向世茂员工行贿试图取得更多工程项目订单、以次充好变更工程材料套取更多利润，以及希望世茂集团尽快支付工程价款。在工程项目控制方面，公司有《集团招标分判工作程序》《工程变更管理流程》《工程付款核查制度》等内控制度。而贿赂案件的发生表明这些控制制度被逾越和没有得到严格执行，对此审计部提高了对这些领域的风险评级，加大了对上述内控制度执行的监督，严格授权审批，加强对企业物流、资金流和信息流的梳理核查，精细化预算和成本的差异分析，从而推动了内部控制制度的有效实施，改进了公司运营和财务管理水平。

（二）反贿赂内部审计取得成效的归因分析

世茂集团反贿赂舞弊的内部审计之所以能取得一定成效，究其原因有以下三个方面：（1）有较好的内部审计环境。一是公司高层对内部审计工作的重视和支持，使得审计部在公司的地位较高，可以相对独立地开展审计工作。世茂集团作为大型企业，内部管理的复杂性决定了公司高管会为了防范代理风险而进行反贿赂舞弊审计，而且企业作为一家知名的房地产上市公司，也

有责任和意愿进行反贿赂审计以树立和维护公司形象。二是公司有较为规范的内部控制制度和管理规范体系，一方面使得内部审计工作有据可依；另一方面也相对增加了员工贿赂舞弊的难度。三是公司积极营造负责任、讲道德的企业文化氛围，为反贿赂舞弊审计奠定了思想基础。四是公司有便于追查审计线索的技术条件。世茂集团是房地产行业首个完成 SAP 一体化信息平台部署的公司，加之公司有相对封闭的内联网，便利了流程和信息的管控，也丰富了追查舞弊痕迹和收集审计证据的技术手段。（2）有素质较高的内审人员。内部审计部门规模（人数）既反映企业在内部审计方面的投入，也关系企业内部审计的质量（郑伟等，2014）。依据谢志华和陶玉侠（2015）截至2013 年的统计，深市 A 股主板上市公司内部审计部门平均成员为 5 人，世茂集团内部审计部由 22 人组成，应该说相比大多数企业在内部审计上的投入情况要好。在人员质量上，世茂集团内部审计总监为本科学历，取得注册会计师资格证书，曾任某"四大"会计师事务所的审计部高级经理。审计部成员中本科以上学历的占比 77%，其中，取得注册会计师或注册内部审计师职业资格证书的占比 59%。可见集团内部审计部门负责人和普通员工都具有较强的专业胜任能力。（3）有把握舞弊审计的要点。舞弊审计必须要畅通举报通道，与高管层及时沟通，延伸审计程序确保追查彻底、整改彻底，必要时起诉舞弊者（尹维劼，2015）。世茂集团内部审计部在这些方面都有相应行动，此外集团发起加入反舞弊联盟，承办反舞弊研讨会，聘请检察院官员为"预防职务犯罪特聘顾问"，这些措施除了有释放宣传警示信号的作用以外，也表明公司侧重学习舞弊审计的技术和经验，注意规避舞弊审计的法律风险。综上所述，世茂集团反贿赂内部审计工作能取得一定成效，并不是基于强制性同构的客观压力对上市公司内部审计相关监管制度的表面遵循，而是内部代理问题的严重性促使企业自觉重视开展反贿赂内部审计工作，有"必须做"的主观意愿。而大型知名企业的特征使得企业具备"要做好"的动力和"能做好"的条件，符合模仿性同构和规范性同构的理论假说，验证了前述中有关动因和成效的主要假设。

四、案例分析与讨论：反贿赂内部审计成效提升建议

世茂集团作为房地产行业业绩和声誉较好的公司，内部审计在治理商业贿赂行为这一行业痼疾方面发挥了积极作用，但也由于其产权和行业特性可能存在一些民营房地产企业普遍性的问题，影响了反贿赂内部审计取得更大的成效。

（一）反贿赂内部审计尚存问题及归因分析

1. 反贿赂内部审计重受贿轻行贿

世茂集团反贿赂舞弊内部审计的突出问题是侧重对员工的受贿审计而忽视行贿审计，公司内部的道德准则明显倾向于约束受贿行为，查处的也都是员工受贿案。民营控股企业特别是房地产行业存在行贿行为似乎是必然的，万科集团董事会主席王石就曾表示因为自己不行贿所以拿不到好的地。单位行贿罪和行贿罪也是民营企业和民营企业家高频犯罪罪名。那么世茂集团不关注行贿舞弊审计就不是不存在或不适用的问题了。

如图6－5所示，本书从贿赂资金的流向（提供者或接受者）与贿赂行为最终受益者的角度分析了企业对贿赂行为的态度。对受贿行为而言，收受赃金就是取得收益的方式，赃金收取者和贿赂行为受益者具有一致性。企业员工借助其职务影响收受的赃金往往据为己有不会上交到企业，因此，在受贿行为方面，通常只存在员工以牺牲企业利益换取个人利益的情况，企业对下属员工利用职权收受贿赂的舞弊行为必然是坚决反对和打击的。在行贿方面，赃金来源于员工个人的情况少见，即便有也是服务于个人利益，不太可能有员工自掏腰包行贿承担风险为了企业利益。行贿的赃金往往来自企业，这也是新的《反不正当竞争法》为何将经营者的工作人员贿赂默认为经营者贿赂的原因。员工拿企业的钱行贿单纯为了个人利益的，是对企业资产的非法挪用，企业必然反对。但员工用企业的钱行贿是为了获得订单、减少税负等企业利益的，企业对员工行贿的态度就有些模糊。如果员工行贿未被曝光且企业受益，企业就不会反对甚至可能奖励。但是如果员工行贿被曝光企业面临法律和声誉风险，企业就可能宣称行贿是员工个人行为而企业并不知情以图

脱罪。笔者认为，这可能是企业员工行贿不重视和打击力度小的内在原因。高层管理者对贿赂舞弊的危害性认识不足，不认为对外行贿是危害企业利益的严重代理问题，或者认为行贿即便主观上是为了个人业绩客观上也促进了公司业绩。如果企业高管直接参与行贿，内部审计就更难予以监督审查，高管会将内部审计控制在对自己有利的范围内。

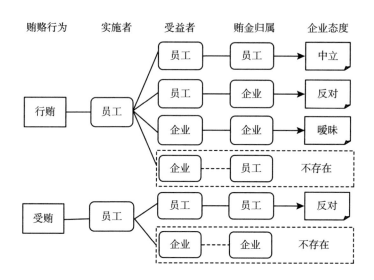

图 6-5　企业对贿赂行为的态度：基于贿金流和受益者的分析

2. 内部审计领导机构审计委员会独立性弱

世茂集团审计部受董事会下属的执行委员会和审计委员会双重领导，双重领导模式一般被认为能够最大限度发挥内部审计的职能。执行委员会的行政领导使得内容审计在企业地位较高，内部审计工作得到高管层的支持。审计委员会的专业领导有利于提升内部审计的独立性，减少高管层对内部审计范围和表现的干预。但是世茂集团上市公司之一的世茂股份其审计委员会有四名委员组成，其中两名是独立董事，另外两名是公司董事长和副董事长。这样的审计委员会很难说具有充分的独立性，内部审计部实质上只对管理层负责，自然很难去监督涉及公司管理当局的贿赂行为。而且审计委员会主要有审议、推荐权而非批准权，使得审计委员会某种程度上类似于决策咨询机构，这与公司对内部审计的主要职能定位于服务而非监督相一致。

3. 反贿赂内部审计范围存在盲区

由于没有开展贿赂舞弊的专门审计，世茂集团的反贿赂审计范围局限于发现的领域，行业特性也决定了审计可能有风险防控的"死角"。房地产开发周期较长，需历经规划审批、工程招标投标、工程建设、预售销售等诸多环节，几乎每个环节都潜藏贿赂风险。世茂集团的内部审计通常是项目立项以后按照内部审计制度进行定期审计或者工程项目专项审计，注重审计项目流程的规范性。既然项目已经立项，那项目前期取得方式和成本开支就会排除在审计范围之外。而那些招投标资料齐全、审批手续完备的项目看似合规却可能存在利益交换。如世茂绍兴舞弊案中，就是公司中层领导收受某装饰有限公司挂靠人的贿赂，伪造与该公司签订消防图纸完善协议的假象，骗取世茂公司设计款支付给该装饰公司，然后再私下瓜分。还有一些行业默认的"潜规则"也使某些存在贿赂风险的领域不在内部审计范围之列。例如，住宅小区的配套设施本该由房地产开发企业出资建设，但实践中却常常由某配套设施供应商负担成本，以换取与房地产企业签订独家运营权的排他协议。这种隐性商业受贿剥夺了住宅用户的选择权而且违反国家工信部相关法律，相关纠纷和诉讼不时见诸媒体报道。这种贿赂行为可能符合公司经济利益而被内部审计人员所忽视。从风险管控角度来看，内部审计部门也有责任关注房地产项目配套设施供应商的选择是否合法合规。

（二）反贿赂内部审计成效提升建议

1. 国家司法导向增大行贿处罚，促使企业重视行贿的危害

民营控股企业高管的意识形态对内部审计的影响重大，只有高管深刻认识到行贿舞弊的危害性才可能在企业中加强相关审计。商业行贿可能短期内帮助企业克服非效率的制度缺陷，但长期来看对企业的影响是负面的。首先，商业贿赂导致交易成本的不可预测性（Sanchez et al.，2008），增加了公司的经营风险；其次，贿赂行为违背道德和法律，可能在经济和声誉上重创企业（Gopinath，2008）；再次，当企业使用商业贿赂手段达成利益目标时，也丧失了通过技术创新打造核心竞争力的动力，影响企业长期竞争优势（Wu，2005）；最后，公司对有利的贿赂行为采取容忍态度，释放了低道德标准的信

号，可能要承受内部员工收受贿赂的后果（Luo，2002），内部腐败必然负面影响公司成长。高管的主观思想转变需要国家加大对商业贿赂的打击，特别是加强对行贿者的惩处。而我国当前的司法实践上对行贿的查处率只为受贿罪的 1/3 且处罚偏轻（张远煌，2014），这种导向无疑造成了民营控股企业内部对行贿的容忍。只有在客观上加大行贿的犯罪成本，增加民营控股企业制度同构的压力，才能引起企业高管的重视，认识到行贿对公司利益损害巨大，从而将其视为代理问题的一部分通过内部审计予以治理。在此前提下，企业应当在文化建设和员工培训中加强对商业行贿危害性的学习，世茂集团既然已聘请了"预防职务犯罪特聘顾问"，在企业内部可以有意增强行贿犯罪的普法宣传。企业应公开表明对行贿行为绝不姑息的态度，严禁员工"代表公司"为了谋取不正当商业利益而行贿，对于行贿与受贿行为一律严查和处罚。否则只反受贿而不反行贿，执行双重标准会形成不良暗示，变相鼓励员工不诚信行为，而对良好合规行为的忽视会导致绩效问责制和行为准则的失效。企业还需学习和运用好《反不正当竞争法》，注意收集证据区别员工个人贿赂行为与公司行为，降低行贿曝光给企业带来的法律风险和声誉风险。

2. 增强审计委员会的独立性，提高对管理层合谋舞弊的警惕性

根据 2005 年 10 月发布的《国务院批转证监会关于提高上市公司质量意见的通知》，上市公司要设立以独立董事为主的审计委员会、薪酬与考核委员会并充分发挥其作用。世茂股份的审计委员会构成似乎并不合规，需要进一步提高其独立性，改组审计委员会，增大独立董事比例甚至完全由独立董事组成，赋予审计委员会更多的审核批准权，以减少公司创始人家族大权独揽可能造成的决策风险，更好地开展审计委员会领导下的内部审计确认与咨询活动。由于内部审计在独立性方面的天然劣势，以及内部审计又受公司董事会或者最高管理层的领导和监督，使得内部审计很难监督有高管合谋参与的商业贿赂行为。对此，内部审计人员需谨慎评估组织内管理层参与合谋舞弊的程度和范围，确保避免向那些可能参与舞弊的管理人员提供信息，或者从他们那里得到误导信息。当内部审计认为最高管理层很可能参与贿赂舞弊后，应寻求审计委员会、公司法务或合规部门的指导帮助，必要时与审计企业内部控制有效性的外部审计师沟通。

3. 提高舞弊审计方法的专业化水平，全面管控贿赂风险

在反贿赂审计的技术手段方面，世茂集团内部审计部门可先评估公司的贿赂风险状况，识别所有关键行贿和受贿环节，制定本单位的贿赂风险"红旗标志"。内部审计人员可要求企业将贿赂风险"红旗标志"纳入公司 SAP 管理信息系统，运用大数据分析和智能化手段发现异常情况并启动自动报警机制。内部审计部门还可借鉴国际反贿赂标准《ISO3700 反贿赂管理体系标准》来监测和评价公司管理体系的运行，通过控制关键触点（critical touch points，CTPs）管理贿赂风险。参照奥加拉（2009）的观点，内部审计在追查公司的商业贿赂行为时可以着重从付款入手，特别关注：（1）与销售量相关的付款，或者额外的付款，特别是冠以咨询名义的付款；（2）持续的、不合理的费用报销和付款；（3）没有对应问责机制的预付款项；（4）显著多付款的不经济行为；（5）本质上无法核实的大量付款；（6）众多款项支付给表面不同收款人实质同一收款人。上述制度和方法的应用为公司实施反贿赂舞弊的专项审计奠定基础，从而有助于改变当前贿赂舞弊多是常规审计偶然发现和依赖举报的现状，更好地发挥内部审计防微杜渐的事前监督作用。需要注意的是，反贿赂专项审计作为反舞弊审计，应该是审计人员事前秘密地做好充分准备，进行突击审计和局部审计，以避免被审计组织和人员有预期和时间做好反审计准备。审计部依据重要性原则对全部高贿赂风险的营运环节依次制定审计计划。

第五节　本章小结

商业贿赂作为一种常见的职务舞弊行为，内部审计有职责对其进行监管治理，以控制组织风险，为组织增加价值。就反贿赂的内部审计而言，第一，"工欲善其事，必先利其器"，我国应修订完善国家反舞弊内部审计准则，注重利用全球注册舞弊审查师协会的研究成果，实现公司内部反舞弊治理的国际趋同，更好地发挥内部审计准则对反贿赂舞弊的审计监督功能。第二，内部审计机构的独立性问题一直饱受诟病，内部审计受最高管理层的领导，当

贿赂舞弊有企业的最高管理层参与时，内部审计机构去监督自己的领导者显然是捉襟见肘的。笔者建议内部审计机构应该由完全独立的审计委员会领导，内部审计机构人员的晋升任免由审计委员会全权决定，内部审计机构和审计委员会对公司股东负责，内部审计机构在审计范围确定和审计程序实施方面有独立的决策权，这样有助于规避企业管理层对内部审计工作的干预，提高内部审计对包括最高管理层在内的企业全员进行贿赂舞弊监督。第三，内部审计是为了保证内部控制的有效实施，内部控制是内部审计的依据，反贿赂舞弊内部控制和内部审计根本目的是降低贿赂舞弊的风险。内部控制和内部审计密不可分，企业反贿赂内部控制和内部审计的三种最常见方法可以称为反贿赂内部治理的"三板斧"分别是员工行为准则、举报检举制度和宣传培训教育，这三种方法对于形成企业内部反贿赂的文化氛围是非常重要的。第四，反贿赂内部审计成效主要体现在两个方面：一是及早发现贿赂行为减少损失；二是跟踪落实治理措施杜绝后患。对于前者，内部审计部门主要通过"红旗标志"、数据分析等技术手段实现，对于后者，较为依赖内部审计人员的责任心，通过审计程序设计和审计档案填列的方式加以监督完成。第五，为了减少管理层对反贿赂内部控制制度和审计程序的逾越，内部审计部门在必要时需要和企业内外其他机构组织进行协作，以降低贿赂舞弊风险。在企业内部，内部审计部门可以寻求法律咨询部门、合规管理部门的协助；在企业外部，内部审计部门可以配合注册会计师审计、国家审计工作，全面揭示企业的贿赂舞弊风险和财务报告风险。这种协作机制可以运行的前提是从制度上保证内部审计部门有机会与这些内外部机构进行独立的沟通。第六，在信息技术不断发展的今天，内部审计既要防止技术手段成为贿赂舞弊的工具，又要利用技术手段提高反贿赂舞弊审计的效率，因此，信息技术的隐私与安全管理问题成为内部审计人员面临的新挑战，内部审计人员需要知识技能转型，尽快掌握信息技术的新工具和新方法。

总之，当前经济环境下内部审计职责不断拓展，如果不能给内部审计"减负"，就应给其"放权"，尽可能消除组织管理层对内部审计工作的权力干扰，赋予内部审计部门更多决策权以增强和保护其独立性，而相应制度和技术的改进则是内部审计行使权力和履行职责的利器。对于民营企业而言，公司高管对反贿赂内部审计的重视至关重要。特别是高管需要在思想上同等重视行贿和受贿舞弊。此外，国家对商业行贿加大处罚的司法导向以及内部审计准则的持续完善，将制度同构压力传导给企业，将会产生更积极深远的影响。未来如果能对我国内部审计人员反舞弊审计情况进行全面调查，其结果必定更有助于推动内部审计理论和实践的发展。

结 束 语

我国作为转型经济国家，商业贿赂案件频发，对商业贿赂的防范治理已刻不容缓。基于书中的研究结论，在商业贿赂的治理方面，我们的当务之急是抓公司外部的法律监管。首要问题是立法，其一是制定专门的反商业贿赂法案，改变当前有关商业贿赂的法律规定散见于各种法律规章司法解释中的混乱局面；其二是在法律规定中增加商业贿赂犯罪的法律责任和处罚金额，特别加大对企业高管个人责任的追究力度。在司法方面，鉴于举报已成为商业贿赂案件曝光的主要手段，因而要提高举报的奖赏力度，有效保护举报人，增加公众参与和监督的积极性。此外要确保严格执法，国家审计监察机关需要特别关注执法机关和公司是否有合谋规避贿赂罪名及处罚的情形发生。我国第一部反商业贿赂蓝皮书的编写团队在调研过程中发现，很多企业会和工商部门达成协议，就针对商业贿赂的调查选用非商业贿赂的名义进行罚款，以避免因商业贿赂而引起的连锁反应，例如引起其他外国执法机构的反腐败调查、被列入黑名单等。这种合谋行为严重损害了商业贿赂执法的严肃性，没有发挥应有的治理监管作用。除了外部的法律监管，针对与公司贿赂倾向相关的政治、经济、文化等因素，我们需要始终以经济建设为中心，培育更加透明的市场经济体系，实行公平竞争的经济制度，提高经济发展水平；约束官员权力，反对官僚主义作风，持续深入地开展反腐败斗争；通过宣传教育，纠正急功近利的短视现象，弘扬仁义道德的优秀传统文化，提升全民思想道德素质，推动公司积极承担社会责任。

首先，政府应继续深化市场经济体制改革，加强基础制度建设，打破行业垄断，减少对民营企业的政治干预和制度歧视，公平分配公共资源，制定合理的产业政策，给企业创造一个可健康发展的市场环境，弱化民营企业政治关联和官员腐败的制度动因；其次，政府应不断完善法律法规，建立有效的监督管理机制，规范政府官员自由裁量权的行使方式和程序，提高违法犯罪成本，将反腐败斗争持续深入地开展下去，以有效遏制政府官员和企业高管通过政治关联谋取私利及腐败寻租行为；再次，政府应继续大力推动经济转型，特别是在供给侧结构性改革中创新宏观调控体制（何自力，2016），推动实施创新驱动发展战略，鼓励支持企业的技术创新，从而将企业的政治策略和市场策略有效协同，使企业意识到加大技术创新即是最好的政治关联方式，实现企业和国家的共同发展；最后，政治关联和腐败的社会嵌入特征同我国传统的"关系"文化有密切联系。政府应在全社会强化社会主义核心价值观教育，积极倡导商业道德和社会责任，从思想认识上改变人们"官本位""走后门"的落后迂腐观念，从而铲除政治关联和腐败的文化土壤。

企业外部的商业贿赂治理监管终究是强制性的制度安排，要想从根源上清除商业贿赂行为，企业有抵制商业贿赂行为的主观意愿尤为重要。本书关注商业贿赂的内部治理监管，就是因为企业内部对贿赂行为的治理监管更能反映企业的态度和动机。基于企业"经济人"的逐利本性，本书分析验证了商业贿赂对公司业绩、税负、会计信息质量等方面造成的负面财务影响，从而启示了企业完善商业贿赂的内部治理监管是利于自身长远发展的理性选择。企业从风险防控的角度来看，也应在公司内部建立反商业贿赂的控制和审计监察制度，保证公司合规经营。而且建立这一合规机制，也有助于节省贿赂成本，促使企业更健康发展。在控制点设置上，关注高风险领域（如采购、营销、审批等）和高风险期（如公司业绩不佳时）的监控。对高风险领域和高风险期经营活动开展内部审计监察，需要运用好制度防范和技术侦查两项利器。公司高管的理解支持是反贿赂内部控制和审计发挥实效的关键。公司还需开展大范围、长期性的员工合规培训，使合规观念深入人心。企业的利益相关者对企业的贿赂腐败行为非但不能容忍和参与，而且更应积极地监督揭发，才是负责任的做法。因为企业及其利益相关者，作为一个利益共同体，为了共同的持续发展，需要一个良好有序的市场环境，这样的市场显然不应有腐败和贿赂的存在。

已有的商业贿赂理论和实证研究，在数量上已蔚为可观，我们也得到了上述丰富的研究结论，但是以下方面的问题仍有一定的研究拓展空间：（1）当前研究关注的商业贿赂对象几乎完全集中于政府官员，忽略了公司之间的商业贿赂。而行贿对象不同，应有不同的贿赂动因、金额及后果，今后可据此开展比较研究。（2）动态研究公司的商业贿赂过程，纵向看，处于不同生命周期的公司商业贿赂倾向是否有差异？就贿赂对公司的影响后果区分贿赂曝光前和曝光后的阶段；横向看，观察特定公司商业贿赂行为的曝光对行业的影响。（3）商业贿赂案件中是否存在选择性执法问题，如果有，则公司的一些微观特征（如股权性质、公司规模等）是否与之相关，这些微观特征又如何影响公司反商业贿赂的内部控制制度建设？公司内外部的治理监督机制在商业贿赂发现惩处中发挥的作用也有待深入研究。（4）将商业贿赂的研究对象从公司具化到人，更多考虑行贿者和受贿者的个人特征与公司贿赂之间的关系，例如公司参与贿赂的雇员级别和人数，对公司贿赂结果的影响；贿赂曝光后，公司对参与贿赂的雇员处理方式是否会影响到公司以后的经营绩效等。

参 考 文 献

[1] [美] 约翰·D. 奥加拉著，龚卫雄，等译. 公司舞弊发现与防范案例研究 [M]. 大连：东北财经大学出版社，2009.

[2] 巴曙松，朱伟豪. 产权性质、政治关联与企业税收负担 [J]. 金融发展研究，2017 (8)：3-14.

[3] 白默，李海英. 企业内部控制质量对上市公司经营绩效影响研究——基于制造业上市公司的实证研究 [J]. 管理世界，2017 (9)：176-177.

[4] 曹越，李晶. "营改增" 是否降低了流转税税负——来自中国上市公司的证据 [J]. 财贸经济，2016 (11)：62-76.

[5] 曹越，普微，张肖飞，等. 市场化进程、自愿性审计师变更与所得税避税程度 [J]. 财会月刊，2016 (11)：84-91.

[6] 曹越，易冰心，胡新玉，等. "营改增" 是否降低了所得税税负——来自中国上市公司的证据 [J]. 审计与经济研究，2017 (1)：90-103.

[7] 陈强. 高级计量经济学及 stata 应用 [M]. 北京：高等教育出版社，2014.

[8] 陈胜蓝，马慧. 卖空压力与公司并购——来自卖空管制放松的准自然实验证据 [J]. 管理世界，2017 (7)：142-156.

[9] 陈钊，刘晓峰，汪汇. 服务价格市场化：中国医疗卫生体制改革的未尽之路 [J]. 管理世界，2008 (8)：52-58.

[10] 陈钊，王旸. "营改增" 是否促进了分工：来自中国上市公司的证据 [J]. 管理世界，2016 (3)：36-45.

[11] 党力，杨瑞龙，杨继东. 反腐败与企业创新：基于政治关联的解释 [J]. 中国工业经济，2015 (7)：146-160.

［12］丁香调查：2015 中国医生薪酬报告出炉，揭秘医生待遇现状 ［EB/OL］. https：//fooads. com/post/573b3efe6fe923922f5e4659.

［13］丁友刚，胡兴国. 内部控制、契约秩序与法律要求——基于朗讯贿赂门事件及美国内部控制立法与司法实践的思考 ［J］. 审计研究，2008 （4）：62 – 65.

［14］董根泰. "营改增"降低了大中型企业税收负担吗？——基于浙江省上市公司数据的分析 ［J］. 经济社会体制比较，2016 （3）：94 – 104.

［15］法制日报—法制网. 中国首部反商业贿赂蓝皮书发布（全文）［EB/OL］. 2015 – 01 – 10. http：//www. legaldaily. com. cn.

［16］樊轶侠. 交通运输业"营改增"前后实际税负比较研究 ［J］. 经济纵横，2017 （6）：117 – 122.

［17］范子英，彭飞. "营改增"的减税效应和分工效应：基于产业互联的视角 ［J］. 经济研究，2017 （2）：82 – 95.

［18］冯延超. 中国民营企业政治关联与税收负担关系的研究 ［J］. 管理评论，2012 （6）：167 – 176.

［19］甫瀚咨询. 2018 年内部审计能力与需求调查 ［EB/OL］. https：//www. protiviti. com/CN-zh/insights/internal-audit-capability-and-needs-survey – 2018.

［20］高利芳，马露. 基于民营企业发展视角的政治关联和腐败关系研究 ［J］. 财经理论研究，2016 （4）：1 – 8.

［21］高培勇. 中国税收持续高速增长之谜 ［J］. 经济研究，2006 （12）：13 – 23.

［22］国家卫生计生委. 国家卫生计生委关于落实完善公立医院药品集中采购工作指导意见的通知 ［EB/OL］. http：//www. nhfpc. gov. cn/yaozs/s3573/201506/36a74780403d4eed96ca93b665 620941. shtml.

［23］国务院办公厅. 国务院办公厅关于完善公立医院药品集中采购工作的指导意见 ［EB/OL］. 2015 – 02 – 28. http：//www. gov. cn/zhengce/content/2015 – 02/28/content_9502. htm.

［24］国务院办公厅. 国务院办公厅关于印发深化医药卫生体制改革 2016 年重点工作任务的通知 ［EB/OL］. http：//www. nhfpc. gov. cn/tigs/s7846/

201604/ede9ab7526aa4222a56c7b906ae334af. shtml

［25］郝铮. 商业贿赂风险的内部控制与审计——基于葛兰素史克（中国）制药公司案例研［J］. 财会学习，2013（9）：71 – 74.

［26］何自力. 在推动供给侧结构性改革中创新宏观调控体制［J］. 财经理论研究，2016（2）：1 – 6.

［27］贺俊. 我国民营控股企业的家族化治理——基于产业组织视角的分析［J］. 经济管理，2008（9）：86 – 90.

［28］贺颖奇，陈佳俊. 当代国际内部审计的变化与中国内部审计的发展机会［J］. 审计研究，2016（4）：87 – 90.

［29］洪诗晨. "营改增"对研发和技术服务业税负的影响及建议［J］. 税务研究，2015（11）：46 – 49.

［30］胡聪慧，刘玉珍，吴天琪，等. 有限注意、行业信息扩散与股票收益［J］. 经济学季刊，2015（4）：1173 – 1192.

［31］黄辉. 媒体负面报道、市场反应与企业绩效［J］. 中国软科学，2013（8）：104 – 116.

［32］黄少卿，潘思怡，施浩. 反腐败、政商关系转型与企业绩效［J］. 学术月刊，2018（12）：25 – 40.

［33］黄新建，冉娅萍. 官员腐败对公司实际税率影响的实证研究［J］. 南方经济，2012（3）：3 – 12.

［34］贾凡胜，张一林. 廉政建设能否提升公司价值？——来自股票市场的证据［J］. 上海财经大学学报，2019（1）：64 – 79.

［35］姜国华，饶品贵. 宏观经济政策与微观企业行为——拓展会计与财务研究新领域［J］. 会计研究，2011（3）：9 – 18.

［36］阚京华，周友梅. COSO内部控制框架的变化解析与启示：从形式到内容［J］. 会计之友，2015（4）：55 – 61.

［37］李芳晓. 商业贿赂犯罪的成因与对策探析［J］. 审计研究，2011（3）：95 – 101.

［38］李华芳. 反商业贿赂需迈三道坎［J］. 董事会，2006（9）：30 – 32.

［39］李捷瑜，黄宇丰. 转型经济中的贿赂与企业增长［J］. 经济学（季

刊），2010，9（4）：1467－1484.

[40] 李俊峰. 论商业经济活动中的贿赂行为的表现特征及治理探讨 [J]. 社科纵横，2008（6）：3－40.

[41] 李连军，戴经纬. 货币政策、会计稳健性与融资约束 [J]. 审计与经济研究，2016（1）：75－82.

[42] 李曼，施建军. 企业内部审计需求动机研究：文献综述与未来发展 [J]. 财贸研究，2012（6）：132－137.

[43] 李曼. 高管态度、政府监管与内部审计——基于计划行为理论的研究 [J]. 审计研究，2014（2）：100－107.

[44] 李梦娟. "营改增"试点行业税负变动的制约因素探析 [J]. 税务研究，2013（1）：47－50.

[45] 李明辉. 内部审计的独立性：基于内审机构报告关系的探讨 [J]. 审计研究，2009（1）：69－75.

[46] 李维安，邱艾超，阎大颖. 企业政治关系研究脉络梳理与未来展望 [J]. 外国经济与管理，2010（5）：48－55.

[47] 李维安，徐业坤. 政治身份的避税效应 [J]. 金融研究，2013（3）：114－129.

[48] 李玮玮，孟高正. 论民营企业家腐败犯罪的刑事防控 [J]. 法制博览，2018（35）：10－12.

[49] 李越冬. 内部审计职能研究：国内外文献综述 [J]. 审计研究，2010（3）：42－46.

[50] 李追阳，余明桂. "双重管制"对企业创新的影响研究 [J]. 管理学报，2018（8）：1177－1186.

[51] 梁晟耀. 《企业内部控制基本规范》合规实务指南（第2版）[M]. 北京：电子工业出版社，2013.

[52] 林钟高，曾祥飞，王海生. 内部控制、风险管理与企业价值 [J]. 财政监督，2011（8）：15－19.

[53] 刘慧龙，吴联生. 制度环境、所有权性质与企业实际税率 [J]. 管理世界，2014（4）：42－52.

［54］刘骏，刘峰．财政集权、政府控制与企业税负——来自中国的证据［J］．会计研究，2014（1）：21－27．

［55］刘启亮，罗乐，张雅曼，等．高管集权、内部控制与会计信息质量［J］．南开管理评论，2013（1）：15－23．

［56］刘瑞娜．私营经济崛起背后的腐败：现状、原因与对策研究［J］．管理学刊，2013（8）：32－35．

［57］刘霄仑．风险控制理论的再思考：基于对COSO内部控制理念的分析［J］．会计研究，2010（3）：36－43．

［58］刘杨．商业贿赂的法律规制——以经济分析为视角［J］．兰州学刊，2006（11）：132－134．

［59］刘玉敏，王莹莉，任广乾．媒体监督在公司治理中的作用及其影响因素［J］．公司治理评论，2012（12）：33－41．

［60］柳木华．大众传媒对会计舞弊的监督：一项经验研究［J］．证券市场导报，2010（8）：43－50．

［61］吕炜，陈海宇．腐败对企业逃避税行为的影响——来自中国工业企业数据的证据［J］．审计研究，2017（1）：105－112．

［62］罗党论，魏翥．政治关联与民营企业避税行为研究——来自中国上市公司的经验证据［J］．南方经济，2012（11）：29－39．

［63］马丁·T. 毕格曼，乔·T. 巴特著，崔冠男，范一筱，胡小俊译，刘霄仑审校．欺诈防范与内部控制执行路线图：创建合规性文化［M］．北京：中国财政经济出版社，2009．

［64］马露．媒体报道公司贿赂的市场反应与绩效影响研究［D］．安徽：安徽财经大学硕士学位论文，2016．

［65］梅洁，葛扬．国有企业管理层在职消费的政策干预效果研究——基于2012年"八项规定"出台所构建的拟自然实验［J］．经济学家，2016（2）：75－83．

［66］牟韶红，李启航，陈汉文．内部控制、产权性质与超额在职消费——基于2007－2014年非金融上市公司的经验研究［J］．审计研究，2016（4）：90－98．

[67] 倪红福，龚六堂，王茜萌．"营改增"的价格效应和收入分配效应[J]．中国工业经济，2016（12）：23－39．

[68] 潘文轩．"营改增"试点中部分企业税负"不减反增"现象分析[J]．财贸研究，2013（1）：95－100．

[69] 乔睿蕾，陈良华．税负转嫁能力对"营改增"政策效应的影响——基于现金—现金流敏感性视角的检验[J]．中国工业经济，2017（6）：117－135．

[70] 秦荣生．大数据、云计算技术对审计的影响研究[J]．审计研究，2014（6）：23－28．

[71] 饶品贵，姜国华．货币政策波动、银行信贷与会计稳健性[J]．金融研究，2011（3）：51－71．

[72] 施屹舟，范黎波．内部控制、盈余管理和管理者的在职消费[J]．财经问题研究，2017（7）：88－94．

[73] 时现，陈骏，王睿．公司治理模式、治理水平与内部审计——来自亚太地区的调查证据[J]．会计研究，2011（11）：83－88．

[74] 世茂集团．惩前毖后，治病救人——世茂反舞弊之路[EB/OL]．http：//www.fanwubi.org/member/101.html．

[75] 宋丽颖，杨潭，钟飞．营改增后企业税负变化对企业经济行为和绩效的影响[J]．税务研究，2017（12）：84－88．

[76] 谭劲松，陈小林，郭群，等．民营企业内部审计：理论框架与发展对策[J]．审计研究，2003（1）：20－26．

[77] 谭丽丽，罗志国，等．内部审计工作法[M]．北京：机械工业出版社，2017．

[78] 唐松，孙铮．政治关联、高管薪酬与企业未来经营绩效[J]．管理世界，2014（5）：93－105．

[79] 田高良，封华，于忠泊．资本市场中媒体的公司治理角色研究[J]．会计研究，2016（6）：21－29．

[80] 田志伟，胡怡建．"营改增"对各行业税负影响的动态分析[J]．财经论丛，2013（4）：29－34．

[81] 童锦治，苏国灿，魏志华．"营改增"、企业议价能力与企业实际流转税税负——基于中国上市公司的实证研究 [J]．财贸经济，2015（11）：14 - 26.

[82] 汪猛，徐经长．货币政策、盈余管理与资产减值 [J]．中央财经大学学报，2015（11）：53 - 61.

[83] 王兵，刘力云，张立民．中国内部审计近30年发展：历程回顾与启示 [J]．会计研究，2013（10）：83 - 88.

[84] 王兵，刘丽馨，宋戈．上市公司内部审计隶属模式分析 [J]．中国内部审计，2013（6）：54 - 57.

[85] 王光远，瞿曲．公司治理中的内部审计——受托责任视角的内部治理机制观 [J]．审计研究，2006（2）：29 - 37.

[86] 王光远，严晖．中国内部审计准则与国际内部审计准则的比较与借鉴 [J]．审计研究，2010（3）：37 - 41.

[87] 王海兵，伍中信，李文君，等．企业内部控制的人本解读与框架重构 [J]．会计研究，2011（7）：59 - 65.

[88] 王虹．对我国重受贿轻行贿现象的反思 [J]．法制与社会，2010（18）：180 - 181.

[89] 王茂斌，孔东民．反腐败与中国公司治理优化：一个准自然实验 [J]．金融研究，2016（8）：159 - 174.

[90] 王珮，董聪，徐潇鹤，等．"营改增"对交通运输业上市公司税负及业绩的影响 [J]．税务研究，2014（5）：8 - 12.

[91] 王守海，郑伟，张彦国．内部审计水平与财务报告质量研究——来自中国上市公司的经验证据 [J]．审计研究，2010（5）：82 - 89.

[92] 王欣，郑若娟，马丹丹．企业漂绿行为曝光的资本市场惩戒效应研究 [J]．经济管理，2015（11）：176 - 187.

[93] 王新红，云佳．营改增对交通运输业上市公司流转类税负及业绩的影响研究 [J]．税务与经济，2014（6）：76 - 82.

[94] 王遥，李哲媛．我国股票市场的绿色有效性——基于2003 - 2012年环境事件市场反应的实证分析 [J]．财贸经济，2013（2）：37 - 48.

［95］王映. 医药行业如何打好"合规战" ［J］. 投资并购, 2015（7）: 60 - 61.

［96］王玉兰, 李雅坤. "营改增" 对交通运输业税负及盈利水平影响研究——以沪市上市公司为例 ［J］. 财政研究, 2014（5）: 41 - 45.

［97］吴德军, 郭慧敏, 郭飞. 政治成本与盈余管理的 "不对称性" ——基于煤电联动政策的视角 ［J］. 会计研究, 2016（8）: 42 - 49.

［98］吴联生. 盈余管理、政治关联与公司税负 ［J］. 会计论坛, 2010（1）: 3 - 16.

［99］吴文锋, 吴冲锋, 芮萌. 中国上市公司高管的政府背景与税收优惠 ［J］. 管理世界, 2009（3）: 134 - 142.

［100］吴溪, 张俊生. 上市公司立案公告的市场反应及其含义 ［J］. 会计研究, 2014（4）: 10 - 18.

［101］谢志华, 陶玉侠. 内部审计质量及其特征因素对外部审计费用的影响——来自深市主板的经验证据 ［J］. 东南大学学报（哲学社会科学版）, 2015（5）: 76 - 84.

［102］邢爱芬. 履行《联合国反腐败公约》的国内立法研究 ［J］. 河南大学学报（社会科学版）, 2011（1）: 61 - 66.

［103］邢维全. 西门子腐败案与企业内部会计控制体系的重构 ［J］. 国际商务财会, 2007（6）: 43 - 44.

［104］徐菁菁. 从内部审计角度谈管理层舞弊的防范 ［J］. 中国内部审计, 2009（8）: 25 - 26.

［105］徐细雄, 刘星. 放权改革、薪酬管制与企业高管腐败 ［J］. 管理世界, 2013（3）: 119 - 132.

［106］薛健, 汝毅, 窦超. "惩一" 能否 "儆百"? ——曝光机制对高管超额在职消费的威慑效应探究 ［J］. 会计研究, 2017（5）: 70 - 76.

［107］杨兴龙, 李昕月, 曾晶. 内部控制能够促进企业社会责任履行吗? ——基于典型商业贿案例的考察 ［J］. 会计之友, 2016（19）: 82 - 84.

［108］杨玉凤, 曹琼, 吴晓明. 上市公司信息披露违规市场反应差异研究——2002 - 2006 年的实证分析 ［J］. 审计研究, 2008（5）: 68 - 73.

[109] 杨忠莲，谢香兵．我国上市公司财务报告舞弊的经济后果——来自证监会与财政部处罚公告的市场反应［J］．审计研究，2008（1）：67－74.

[110] 尹维劼．现代企业内部审计精要（第四版）［M］．北京：中信出版集团，2015.

[111] 尹作亮．职务舞弊行为的经济学分析［J］．中央财经大学学报，2008（5）：59－63.

[112] 俞钢，李海霞．GSK 中国案点亮"合规"路［N］．医药经济报，2014－09－29（009）.

[113] 张杰明．对我国内部审计职能的再认识［J］．审计与经济研究，1995（4）：9－10.

[114] 张俊．一损俱损：食品安全、企业的社会责任及市场反应——以"塑化剂"事件为例［J］．财经论丛，2015（7）：66－74.

[115] 张心向．社会组织商业贿赂行为的特点、原因及其控制——以越轨社会学理论为分析视角［J］．南开学报（哲学社会科学版），2006（5）：17－25.

[116] 张远煌．民营企业家腐败犯罪的现状、危害与治理立场［J］．河南大学学报（社会科学版），2014（6）：73－77.

[117] 张智宇，刘晓梅．美国《海外反腐败法》及其对中国制定《海外反商业贿赂法》的启示［J］．社科纵横，2008（3）：85－89.

[118] 赵锦．基于税收中性理论的增值税改革研究［J］．税务研究，2017（6）：82－84.

[119] 赵颖．腐败与企业成长：中国的经验证据［J］．经济学动态，2015（7）：35－49.

[120] 郑伟，张立民，杨莉．试析大数据环境下的数据式审计模式［J］．审计研究，2016（4）：20－27.

[121] 郑小荣．风险导向内部审计若干理论问题探讨［J］．审计与经济研究，2006（1）：27－30.

[122] 中国内部审计协会．第 2204 号内部审计具体准则——对舞弊行为进行检查和报告［EB/OL］．http：//www.ciia.com.cn/cndetail.html？id＝35603.

［123］中华人民共和国国家卫生和计划生育委员会 . 2013 中国卫生统计年鉴［EB/OL］. www. http：//nhfpc. gov. cn/zwgkzt/tjnj/list. shtml.

［124］中华人民共和国国家卫生和计划生育委员会 . 卫生部国家中医药管理局总后勤部卫生部关于印发《医疗机构药事管理规定》的通知［EB/OL］. http：//www. nhfpc. gov. cn/mohyzs/s3585/201103 /51113. shtml.

［125］周晓唯，赵娜 . 经济学视角下商业贿赂成因及治理探析［J］. 经济经纬，2010 (4)：118 - 121.

［126］周晓云 . 美国《反海外腐败法》解读以及对中国治理商业贿赂的启示［D］. 上海：复旦大学硕士学位论文，2008.

［127］邹建锋 . 招标缘何难以抑制腐败［N］. 中国经济时报，2004 - 06 - 23 (011).

［128］Adhikari A. , Derashid C. , Zhang H. Public Policy, Political Connections and Effective Tax Rates：Longitudinal Evidence from Malaysia［J］. Journal Accounting and Public Policy, 2006, 25 (5)：574 - 595.

［129］Antweiler W, Frank M Z. Is all that talk just noise? The information content of internet stock message boards［J］. Journal of Finance, 2004, 59 (3)：1259 - 1293.

［130］Arena M, Azzone G. Internal Audit Departments：Adoption and characteristics in Italian companies［J］. International Journal of Auditing, 2007, 11 (2), 91 - 114.

［131］Association of Certified Fraud Examiners. Report to the nations：2018 global study on occupational fraud and abuse［EB/OL］. https：//www. acfe. com/report-to-the-nations/2018/.

［132］Badenhorst J A. Unethical behavior in procurement：A perspective on causes and solutions［J］. Journal of Business Ethics, 1994, 13 (9)：739 - 745.

［133］Barth J R, Lin C, Lin P, Song F M. Corruption in bank lending to firms：Cross-country micro evidence on the beneficial role of competition and information sharing［J］. Journal of Financial Economics, 2009, 91 (3)：361 - 388.

［134］Beck T, Demirguc-Kunt A, Levine R. Bank supervision and corruption in lending [J]. Journal of Monetary Economics, 2006, 53 (8): 2131 – 2163.

[135] Burton G F, Emett S A, Simon C A, Wood D A. Corporate managers' reliance on internal auditor recommendations [J]. Auditing: A Journal of Practice & Theory, 2012, 31 (2): 151 – 166.

[136] Cai H, Fang H, Xu L C. Eat, drink, firms, government: An investigation of corruption from the entertainment and travel costs of Chinese firm [J]. Journal of Law and Economics, 2011, 54 (1): 55 – 78.

[137] Chan W S. Stock price reaction to news and no-news: Drift and reversal after headlines [J]. Journal of Financial Economics, 2003, 70 (2): 223 – 260.

[138] Chapman C. Raising the BAR-newly revised standards for the professional practice of internal auditing [J]. Internal Auditor, 2001, 58 (21): 55 – 61.

[139] Chen Y, Yasar M, Rejesus R M. Factors influencing the incidence of bribery payouts by firms: A cross-country analysis [J]. Journal of Business Ethics, 2008, 77 (2): 231 – 244.

[140] Christopher J, Sarens G, Leung P A. Critical analysis of the independence of the internal audit function: Evidence from Australia [J]. Accounting Auditing & Accountability Journal, 2009, 22 (2): 200 – 220.

[141] Clarke G R, Xu L C. Privatization, competition and corruption: How characteristics of bribe takers and payers affect bribe payments to utilities [J]. Journal of Public Economics, 2004, 88 (9 – 10): 2067 – 2097.

[142] Cooper B J, Leung P, Wong G. The Asia Pacific literature review on internal auditing [J]. Managerial Auditing Journal, 2006, 21 (8): 822 – 834.

[143] Coram P, FergusonC, Moroney R. Internal audit, alternative internal audit structures and the level of misappropriation of assets fraud [J]. Accounting & Finance, 2014, 48 (4): 543 – 559.

[144] Cornett M M, Marcus A J, Saunders A, Tehranian H. The impact of institutional ownership on corporate operating performance [J]. Journal of Banking & Finance, 2007, 31 (6): 1771 – 1794.

[145] Cressey D. Other people's money [M]. Montclair N J: Patterson Smith,

1973.

[146] Davidson III W N, Worrell D L, Lee C I. Stock market reactions to announced corporate illegalities [J]. Journal of Business Ethics, 1994, 13 (12): 979 –987.

[147] DiMaggio P J, Powell W W. The iron cage revisited: Institutional isomorphism and collective rationality in organizational fields [J]. American Sociological Review, 1983, 48 (2): 113 –123.

[148] Drent D. The quest for increased relevance: internal auditors who successfully communicate and balance their needs and those of their clients can increase their relevance to the organization [J]. Internal Auditor, 2002, 59 (1): 49 –54.

[149] Ege M S. Does internal audit function quality deter management misconduct? [J]. The Accounting Review, 2015, 90 (2): 495 –527.

[150] Fan J P H, Rui O M, Zhao M. Public governance and corporate finance: Evidence from corruption cases [J]. Journal of Comparative Economics, 2008, 36 (3): 343 –364.

[151] Fan Y. Questioning guanxi: Definition, classification and implications [J]. International Business Review, 2002, 11 (5): 543 –561.

[152] Fang H, Bao Y, Zhang J. Asymmetric reform bonus: The impact of VAT pilot expansion on China's corporate total tax burden [J]. China Economic Review, 2017, 46 (s): 17 –34.

[153] Fisman R, Svensson J. Are corruption and taxation really harmful to growth? Firm level evidence [J]. Journal of Development Economics, 2007, 83 (1): 63 –75.

[154] Gaviria A. Assessing the effects of corruption and crime on firm performance: Evidence from Latin America [J]. Emerging Markets Review, 2002, 3 (3): 245 –268.

[155] Goodwin J, Yeo T Y. Two factors affecting internal audit independence and objectivity: evidence from Singapore [J]. International Journal of Auditing, 2001, 5 (2): 107 –125.

[156] Gopinath C. Recognizing and justifying private corruption [J]. Journal of Business Ethics, 2008, 82 (3): 747 –754.

[157] Guenther A D, Maydew L E, Nutter E S. Financial reporting, tax costs, and book – tax conformity [J]. Journal of Accounting and Economics, 1997, 23 (3): 225 –248.

[158] Hellman J S, Jones G, Kaufmann D. Seize the state, seize the day: State capture and influence in transition economies [J]. Journal of Comparative Economics, 2003, 31 (4): 751 –773.

[159] Hirshleifer D, Teoh S H. Limited attention, information disclosure, and financial reporting [J]. Journal of Accounting & Economics, 2003, 36 (1 – 3): 337 –386.

[160] Hofstede G. Culture's consequences: International differences in work-related values [M]. Beverly Hills: Sage Publications Inc, 1980.

[161] Kasuga H. Why do firms pay bribes? Firm-level evidence from the Cambodian garment industry [J]. Journal of International Development, 2011, 25 (2): 276 –292.

[162] Kim C, Zhang L. Corporate political connections and tax aggressiveness [J]. Contemporary Accounting Research, 2016, 33 (1): 78 –114.

[163] Kimbro M B. A cross-country empirical investigation of corruption and its relationship to economic, cultural and monitoring institutions: An examination of the role of accounting and financial statements quality [J]. Journal of Accounting, Auditing & Finance, 2002, 17 (4): 325 –350.

[164] Lambert-Mogiliansky A. Why firms pay occasional bribes: The connection economy [J]. European Journal of Political Economy, 2002, 18 (1): 47 –60.

[165] Lee S H, Kyeungrae O, Eden L. Why do firms bribe? Insights from residual control theory into firm's exposure and vulnerability to corruption [J]. Management International Review, 2010, 50 (6): 775 –796.

[166] Leff N H. Economic development through bureaucratic corruption [J]. American Behavioral Scientist, 1964, 8 (3): 8 –14.

[167] Lenz R, Sarens G, D'Silva K. Probing the discriminatory power of characteristics of internal audit functions: Sorting the wheat from the chaff [J]. International Journal of Auditing, 2014, 18 (2): 126 – 138.

[168] Luo W, Zhang Y, Zhu N. Bank ownership and executive perquisites: New evidence from an emerging market [J]. Journal of Corporate Finance, 2011, 17 (2): 352 – 370.

[169] Luo Y. Corruption and organization in Asian management systems [J]. Asia Pacific Journal of Management, 2002, 19 (2): 405 – 422.

[170] Martin D K, Cullen B J, Johnson L J, Parboteeah P K. Deciding to bribe: A cross-level analysis of firm and home country influences on bribery activity [J]. Academy of Management Journal, 2007, 50 (6): 1401 – 1422.

[171] Minnick K, Noga T. The Influence of firm and industry political spending on tax management among S&P 500 firms [J]. Journal of Corporate Finance, 2017, 44 (c): 233 – 254.

[172] Myrdal G. Asian drama: An inquiry into the poverty of nations [M]. New York: Pantheon Books, 1968.

[173] Paape L, Scheffe J, Snoep P. The relationship between the internal audit function and corporate governance in the EU-a survey [J]. International Journal of Auditing, 2003, 7 (3): 247 – 262.

[174] Powpaka S. Factors affecting managers' decision to bribe: An empirical investigation [J]. Journal of Business Ethics, 2002, 40 (3): 227 – 246.

[175] Prawitt D F, Smith J L, Wood D A. Internal audit quality and earnings management [J]. The Accounting Review, 2009, 84 (4): 1255 – 1280.

[176] Roese R. The challenge of medicare fraud [J]. Journal of Healthcare Leadership, Management, and Research, 2010, 1 (10): 1 – 6.

[177] Romney M B, Albrecht W S, Cherrington D J. Red-flagging the white collar criminal [J]. Management Accounting, 1980, 61 (9): 51 – 57.

[178] Roychowdhury S. Earnings management through real activities manipulation [J]. Journal of Accounting and Economics, 2006, 42 (3): 335 – 370.

[179] Ryvkin D, Serra D. How corruptible are you? Bribery under uncertainty [J]. Journal of Economic Behavior & Organization, 2012, 81 (2): 466 –477.

[180] Sanchez J I, Gomez C, Wated G. A value-based framework for understanding managerial tolerance of bribery in Latin America [J]. Journal of Business Ethics, 2008, 83 (2): 341 –352.

[181] Sanyal R. Determinants of bribery in international business: The cultural and economic factors [J]. Journal of Business Ethics, 2005, 59 (1 –2): 139 –145.

[182] Sarens G, Beelde I D. The relationship between internal audit and senior management: a qualitative analysis of expectations and perceptions [J]. International Journal of Auditing, 2010, 10 (3): 219 –241.

[183] Shackelford D A, Shevlin T. Empirical tax research in accounting [J]. Journal of Accounting and Economics, 2001, 31: 321 –387.

[184] Steidlmeier P. Gift giving, bribery and corruption: ethical management of business relationships in China [J]. Journal of Business Ethics, 1999, 20: 121 – 132.

[185] Svensson J. Who must pay bribes and how much? Evidence from a cross-section of firms [J]. Quarterly Journal of Economics, 2003, 118 (1): 207 – 230.

[186] Tetlock P C. Giving content to investor sentiment: The role of media in the stock market [J]. Journal of Finance, 2007, 62 (3): 1139 –1168.

[187] Venter J M P, Bruyn R D. Reviewing the internal auditing function: Processes and procedures [J]. Meditari Accountancy Research, 2002, 10 (1): 227 –241.

[188] Wu X. Corporate governance and corruption: A cross-country analysis [J]. Governance: An International Journal of Policy, Administration and Institutions, 2005, 18 (2): 151 –170.

[189] Wu X. Determinants of bribery in Asian firms: Evidence from the world business environment survey [J]. Journal of Business Ethics, 2009, 87 (1): 75 –88.

[190] Wu X. Firm accounting practices, accounting reform and corruption in Asia [J]. Policy and Society, 2005, 24 (3): 53 –78.

[191] Zhou J Q, Peng M W. Does bribery help or hurt firm growth around the world? [J] Asia Pacific Journal of Management, 2012, 29 (4): 907 –921.